運動神経が劇的に良くなる

ボールを使った コーディネーショントレーニング

Coordination training with balls

髙橋宏文／著
[東京学芸大学教授]

はじめに

近年になり、自分の身体を操れない子供が増えています。例えば、「徒競走をすると自分の走るべきコースを保って走ることができない」、「つまずいて転びそうになった時にとっさに手を出すことができず、顔を地面に打ってしまう」など、子どもたちの運動する力の低下を表す事象が様々挙げられています。

一般的に、子どもたちの運動する力には、歩く、走る、跳ぶなどの自身の身体を移動させるためのもの。さらにはボールを投げる、捕る、打つなど用具を操作するもの。そして、動きを

止めた時のような静的な姿勢あるいは運動中の動的な姿勢におけるバランスの維持などの姿勢制御に関する能力があります。

　なかでもボールを扱う運動は、ボールを操作するために、身体を巧みに操る事だけでなく、ボールとのタイミングや距離をはかる事、コントロールや力の強弱をつける事など、様々な運動の感覚が必要になります。

　本書ではこのようなボールを操作する時の運動感覚に焦点を当て、ボール運動を行う際に必要となる力を伸ばすプログラムを紹介しています。

髙橋宏文

CONTENTS 目次

はじめに……02
この本の使い方……08

0章 コーディネーションとは何か？ 運動前の基礎知識……09

1章 「基礎運動能力」を高めるコーディネーション……16
01 用具でリフティング……18
02 ボディタッチ＆キャッチ……20
03 腕の輪トンネル……22
04 拍手してキャッチ……24
05 追いかけてキャッチ……26
06 パッと見てキャッチ……28
07 立ち上がってキャッチ……30
08 股下投げキャッチ……32
09 バウンド背面キャッチ……34
10 背中でポン＆キャッチ……36

2章 「受ける・捕る」に親しむコーディネーション……38
11 イージー・キャッチ……40
12 道具でキャッチ……42
13 ジャンピング・キャッチ……44
14 パンケーキ・レシーブ……46
15 手を回してキャッチ……48
16 ダッシュ＆ストップ……50
17 ジャンプ＆ダッシュ＆ストップ……52
18 長座でキャッチ……54

3章 「打つ・突く・蹴る」に慣れるコーディネーション……57
19 タッピング……58
20 ハンド・リフティング……60
21 合わせてヒット……62
22 ボールを床に打ち付ける……64
23 ボールを打ち返す……66
24 ボールを連続で打ち返す……68
25 両手でリフティング……70
26 的当てシュート……72
27 パス＆リフティング……74

4章 「投げる」を楽しむコーディネーション……77
28 投げて的当て……78
29 ペットボトルボウリング……80
30 狙ってバウンドパス……82
31 線上でパス交換……84
32 どんぴしゃりの場所に投げる……86
33 陣取り的当て……88
34 ランニングパス……90
35 ランニング・バウンドパス……92
36 壁に当ててパス……94
37 動く的を狙ってパス……96
38 壁に当てて正確に戻す……98
39 ２つのボールでキャッチボール……100
40 忙しいパス交換……102
variation ①ワンバウンドでパス交換……104
variation ②キックでパス交換……105
variation ③２つのボールでパス交換……106
variation ④２つのボールでワンバウンドパス交換……107

5章　「運ぶ・保持する」を確かにするコーディネーション

5章　「運ぶ・保持する」を確かにするコーディネーション……109
41　ラケットでボール運び……110
42　転がりそうなボールをキープ……112
43　複雑なドリブル……114
44　変形ドリブル（リフティング）……116
45　ジャグリング……118
46　線の上をドリブル……120
47　スキップ＆ドリブル……122
48　足の入れ替え＆ボールタッチ……124
49　ドリブルお尻相撲……126
50　ボール2個でドリブル……128
51　ドリブル・ドンじゃんけん……130

6章　「複数の動き」が自然にできるコーディネーション

6章　「複数の動き」が自然にできるコーディネーション……133
52　足と手で一人キャッチボール……134
53　壁当て回転キャッチ……136
54　ケンケンでキャッチボール……138
55　投げ上げ回転キャッチ……140
56　入れ替わりキャッチ……142
57　ボール跳び越え……144
58　ヘディング＆背面キャッチ……146
59　腿上げ背面キャッチ……148
60　股下から投げてキャッチ……150
61　背中でバウンドしてキャッチ……152
62　跳び越えてキャッチ……154
63　ドリブル＆パス……156
おわりに……158

協力／池田瞬、前田和倫、鎌田伊央里（モデル）
構成／山城稔 （株式会社 BE-million）
写真・動画／阿部卓功
動画編集／木村雄大（有限会社ライトハウス）

この本の使い方

・どんな運動か、を説明します
・「人数」は最小人数なので、それ以上で行っても構いません。
・「難易度」はあくまでも目安であり、個人差があります。
・主に必要とされる「コーディネーション能力」を記しました。
コーディネーションは複合的な能力なので、記された以外の能力も必要ですし、運動によって総合的に高まります。

・運動は写真だけでなく、映像でも確認できます。このQRコードをスマートフォンから読み込んでチェックしてみてください。
＊QRコードは㈱デンソーウェーブの登録商標です。

・この運動の「発展形」を提案しました。他のメニューと合体させるなど、様々な動きを取り入れて、自分なりに運動を進化させてみましょう。能力はどんどん高まっていきます。

・この運動の「ねらい」や、運動する際の「注意点」などを記しました。

・運動の「やり方」を説明します。
写真左上の数字と「→」の順に行います。

＊本書で紹介している「やり方」や「ねらい」は、あくまでも基本的なものです。
用具や人数も含め、自分たちで行いやすく、楽しめるようにアレンジしてみましょう。
大事なのは、失敗を恐れずどんどんやってみることです。挑戦するほど能力は高まります。

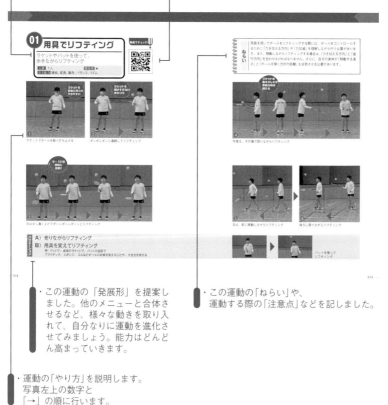

第0章

コーディネーションとは何か？運動前の基礎知識

すべての運動に共通して言えることですが、「なんとなくやる」より、事前に知識を得て理解し、目標や意識を持って取り組んだほうが上達します。コーディネーションとは「運動センスの基になる7つの能力」のことですが、それがどういうものかを知っておきましょう。

コーディネーションとは何か？

コーディネーション（coordination）は日本語で「調整する」という意味。身体の動きを調節することですが、その中には力の加減を調整したり、状況や相手に合わせて調整することが含まれます。

1970年代、スポーツの研究が進んでいた旧東ドイツで生まれた理論で、その後、アメリカでも研究されてきました。

「運動神経がよい」とか「運動センスがある」と言われる人がいます。では、「運動神経」とか「運動センス」とは何なのか？

これは「自分の身体をうまく操作できる能力」のことです。すなわち、状況に合わせてタイミングよく、正しい方向に、ちょうどよい量の力で、身体を動かせることです。そして、これを理論的に体系化したのが「コーディネーション」なのです。

一般的に「トレーニング」と言うと、筋力を鍛えたり、専門競技の技術力を高めたりするものと考えられがちです。しかし、いくらパワーやテクニックを高めても、それを自分でコントロールできなければ、プレーとしての力は発揮できません。筋力や技術を生かすにはコーディネーション能力が必要なのです。コーディネーション・トレーニングは、神経系に刺激を与え、自分の身体を自在にコントロールできることを目的としています。

コーディネーションの「7つの能力」

コーディネーションは、以下のような「7つの能力」に分類できます。

①**定位能力**：自分がどこにいて、どんな状態にあるのかをつかむのと同時に、動いているボールや人との位置関係（距離や間合い）を計る力。

②**バランス能力**：動きの中で体勢を保ったり、体勢が崩れた時などに立て直す力。不安定な場所や空中で身体を保ち、動作できる力でもある。

③**識別（分化）能力**：力を入れる、抜く、少しずつ力を入れるなど、出力の加減と方向を調整する力。手や足、用具などを精密にイメージ通りに動かすことにつながる。

④**リズム化能力**：外部の情報に対し、タイミングを合わせて動いたり、動きにリズムをつける力。この能力が低いと動きがぎこちなくなる。

⑤**反応能力**：外部の情報を素早く察知し、正確に、スピーディに対応したり、動いたりする力。目や耳、皮膚など五感との連動性も高い。

⑥**連結能力**：複数の異なる動きをスムーズにつなげ、流れるような一連の動きにする力。関節や筋肉の動きをタイミングよく同調させたり、連係させる力。

⑦**変換能力**：急な変化に対し、動作を切り替え、適切な動きができる力。**状況判断**や**身体操作**、**定位・反応能力**など、さまざまな能力が複合的に関わっている。

7つの能力(コーディネーション)は連動して高まる

７つの能力は、それぞれが個別なものではなく、関連し合いながら能力を発揮します。多様な動きをするほど、７つの能力は相互に関連し合い、総合的に高まっていきます。

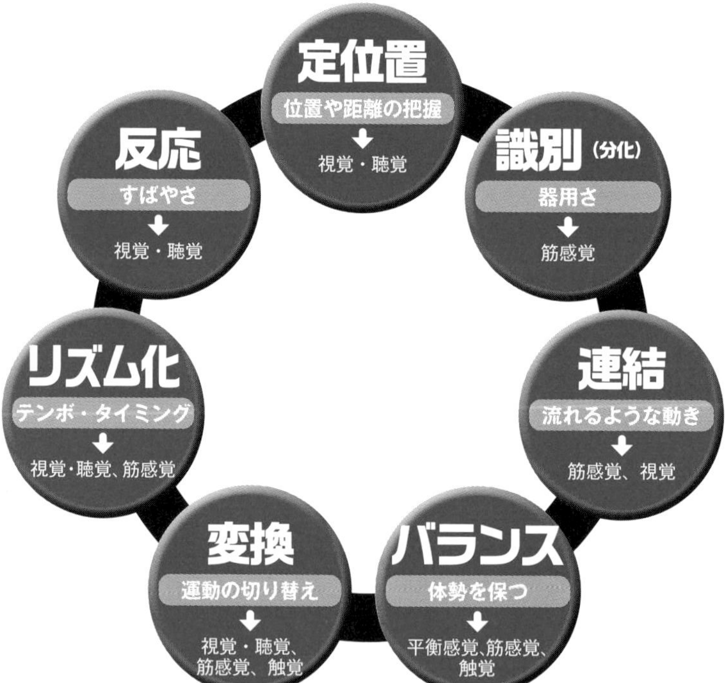

視　覚：明暗・光の方向や物の色・動き・距離などを認知
聴　覚：音の強さ、音高、音色、音源の方向、リズム、言語などを認識する能力
筋感覚：力を入れる、抜くの調整
平衡器：体の姿勢を保持するために重要な働きをもつ感覚器官

実践のコツ

トレーニングは「厳しいもの」と考えるのは大きな誤解です。とくにコーディネーションは神経系のトレーニングなので、遊び感覚で行うほど効果が発揮され能力が高まります。

以下に、より効果の高まる実践のコツを記しました。

①**楽しんでやる**：練習ではなく遊びの感覚で行います。

②**ほめる**：否定の言葉は能力の出現を抑えます。

③**工夫する**：運動の成否には個人差があるので、できるよう工夫しましょう。

④**できそうなものから**：やってみたいもの、できそうなものからやってOKです。

⑤**どんどん種目を変える**：できるまでやる必要はなく、どんどん違うものをやります。

⑥**イメージをもたせる**：動画を見てイメージを頭に描くといいでしょう。

⑦**短時間**：１種目につき２分ほど。種目を変えて合計でも30分を目途に。

⑧**１週間に数回**：２～３日おきにできれば理想です。

⑨**感覚がフレッシュな時に**：朝や練習の開始時など元気な時に行います。

⑩**速度や負荷を上げるより、動きの正確さ**：すぐに難易度を上げず、正しい動きを重視しましょう。できるようになったら、負荷を少しずつ上げていきます。

運動の一般的な発達傾向

運動の発達には、次のような「５つの発達傾向」があることが知られています。

①**頭部から下部への発達傾向**：操作できる筋肉が、頭部から体幹の上部へ、そして下部へと移っていきます。

②**中枢から末梢への発達傾向**：身体の中心部のほうが末梢部より先に発達し、より上手に運動できるようになります。ボール投げも指先を使うコントロールは後段階になります。

③**全体から部分への発達傾向**：体全体の操作のほうが部分の操作に先行します。前転などの運動でも、最初は身体全体を使って回り、その後、足を畳んで立てるようになります。

④**両側から片側への傾向**：両側活動を行うことで、優先される側や利き手・利き足が確立され、次第に巧みに使えるようになります。左右どちらでも大まかに投げることができたところから、細かいコントロールや力の使い方を加えていくようになると、得意な方が決まってきます。

⑤粗大から微細筋への傾向：赤ちゃんはバタバタとぎこちなく手足を動かします。最初は粗大で不器用だった運動が、次第に目的に応じて、細かく正確にできるようになります。

発達は止まらない

「ゴールデンエイジ」という言葉を聞いたことがあるでしょう。「運動能力を大きく伸ばす一生に一度の黄金期」といった意味で、この時期には動きをどんどん吸収すると言われます。アメリカの医学・人類学者スキャモン（1883-1952）が提唱した理論が「ゴールデンエイジ」の元になっており、人間の成長過程を示す「発達・発育曲線」というグラフも示されています（右図参照）。

この図によれば、神経系は5歳までにおよそ80％に達し、12歳にはほぼ100％に達するように思えます。「運動神経をよくしたいなら5歳までに」などと言われるのは、このためです。しかし「これ以降は神経系の能力が伸びないか？」と言えば、そうではありません。事実、私の大学の19歳を過ぎた学生たちは、コーディネーション・トレーニングによって、能力が伸びることが実証されています。バレー部の190cmを超えるような大型選手も例外ではありません。つまり神経系の発達は小児期で止まるわけではないのです。

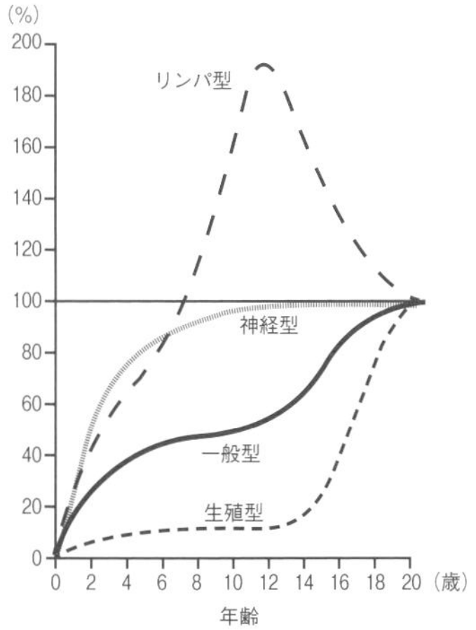

スキャモンの発育発達曲線

＊誕生から成熟期までの発育量を100%とした割合

第1章

「基礎運動能力」を高めるコーディネーション

ボール を使った運動というと、「投げる」「捕る」「蹴る」「打つ」「運ぶ」「止める」などが思い浮かびます。これらの運動を上達させるには、自分の身体がどう動き、どんな状態（姿勢）にあるのかを把握できていなければなりません。そのためには、前後左右に走る、跳ぶなどの「体を移動する動き」や、立つ、座る、回る、ひねるなどの「体のバランスをとる動き」を獲得しておくことが大事なのです。こうした「基本的な動き」は、乳幼児の頃からの遊びや運動によって培われます。ですが、今はその機会が減っているのも事実です。そのため、ここでは「基礎運動能力」を高めるメニューを用意しました。どれも単調にならず楽しくできるものばかりです。

01 用具でリフティング

ラケットやバットを使って、歩きながらリフティング

人数 1人　**難易度** ★

主な能力 連結、変換、識別、バランス、リズム

動画でチェック！

ラケットを
短めに持つと
やりやすい
1

ラケットでボールを軽く打ち上げる

ラケットを
傾けすぎない
のがコツ
2

ポンポンポンと連続してリフティング

5～10回
連続に
挑戦！
3

次は少し高く上げてポーンポーンポーンとリフティング

バリエーション

A）走りながらリフティング

B）用具を変えてリフティング

例：バットで、卓球のラケットで、バットの底面で
プラスチック、スポンジ、ゴムなどボールの材質を変えることや、大きさを変える

ねらい

用具を用いてボールをリフティングする際には、ボールをコントロールするために「力を加える方向」や「力加減」を理解しながら行う必要があります。また、移動しながらリフティングする場合は、「力を加える方向」と「進行方向」を合わせなければなりません。さらに、自分の身体が「移動する速さ」と「ボールを弾く方向や距離」も合致させる必要があります。

ラケットの
面を少しだけ
移動方向の
傾ける
4
今度は、その場で回りながらリフティング

5
次は、前に移動しながらリフティング

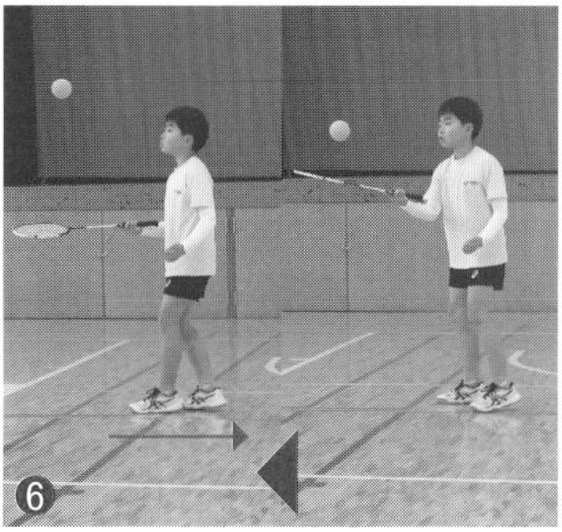
6
後ろに戻りながらリフティング

バットを使って
リフティング

02 ボディタッチ&キャッチ

ボール投げ上げ、指定された場所をタッチしてからキャッチ

人数 1人　　難易度 ★

主な能力 定位、連結、バランス、リズム

動画でチェック!

ボールを直上に上げ、指定された身体の部位を触ってからキャッチ

まずは「頭」を触ってから

両手でしっかりキャッチ

バリエーション

指定の部位を触った後、背面でキャッチする

ねらい

投げ上げたボールが落下してくるまでのタイミングを計り、その間に身体の部位へタッチします。投げ上げたボールを低くすればするほど落下してくるまでの時間の幅が短くなるので、素早い動作も必要となります。タッチすることで姿勢や目線が変わり、ボールとの距離感も合わせずらくなります。

4 今度は「肩」を触ってからキャッチ

5 次は「ひざ」を触ってからキャッチ

6 次は「床」を触ってからキャッチ

03 腕の輪トンネル

投げ上げたボールを腕で作った輪の中を通す

人数 1人　難易度 ★
主な能力 定位、連結、リズム

動画でチェック！

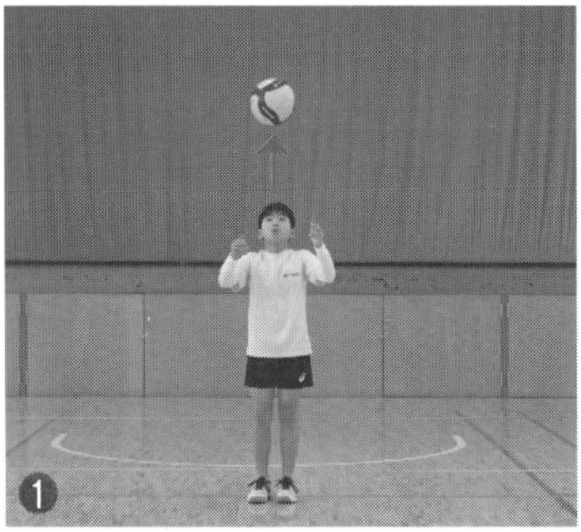

ボールを上に投げ上げる

落下地点を予測し、移動する

落下地点に入り、腕の輪を固定する

バリエーション

A）ボールを高～く投げ上げて通過させる
B）ボールを投げ上げた後、1 回転してから通過させる

ねらい

投げ上げたボールの落下位置を把握し、落ちてきたボールを腕で作った輪の中を通します。この時、ボールと身体との距離を測ることになりますが、手や腕、ひじなど、どの部分で測るのがよいか、自分に合ったコツを見つけてみましょう。腕で作った輪の中にボールを通すときに、ボールが腕に当たらないようにします。

落下するボールの奇跡を見通す

腰を引かず、直立して

足先には当たってしまって OK

C）投げ上げた後、一度しゃがんで立ち上がって通過させる。

04 拍手してキャッチ

動画でチェック!

ボールを投げて上げて拍手してからキャッチ

人数 1人　　難易度 ★

主な能力 連結、リズム

ひざも一緒に
使うと高く
投げられるよ
1
ボールを真上に投げ上げる

2
手拍子をする（3回以上）

3
落下地点を見定めながら移動する

ボールが
弾まないよう
勢いを吸収
4
キャッチ

バリエーション

A）腕を交差させてキャッチしてみる

ねらい

投げ上げたボールが落下してくるまでのタイミングを計り、その間に決められた回数の拍手を行った後に落下してきたボールをキャッチするため、「落下してくるまでの時間」や「落下位置」を測るだけでなく、「自身が行う動作にかかる時間」も把握し、タイミングを合わせていくことが必要です。拍手の回数や、ボールの捕り方などを変化させると、キャッチするタイミングが変わるため、調整が必要になります。

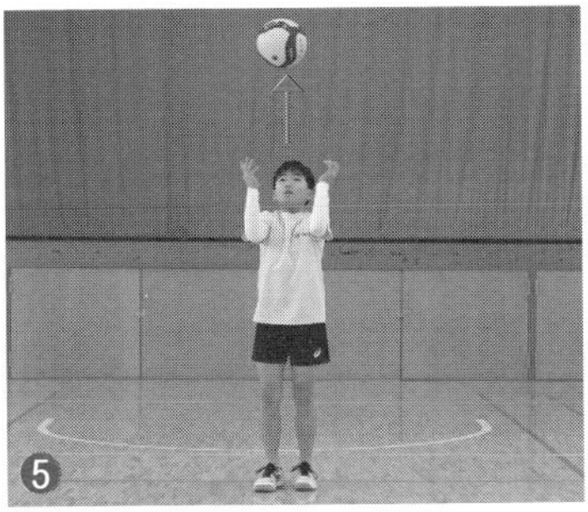
5

今度は背面キャッチ。
ボールを投げ上げる

6

手拍子をする（3回以上）

7

キャッチ直前にボールの少し前に出る

8
上体を
前に倒さないで
やってみよう

背面キャッチ

B）手拍子を頭上→背中→股下でやってからキャッチ

05 追いかけてキャッチ

動画でチェック!

背後から投げたボールを追いかけてキャッチする

人数 2人　難易度 ★
主な能力 定位、反応

山なりの
ゆるい
ボールでよい

1 背後から前方へ相手からボールを投げてもらう

すぐに動ける
姿勢を
見つけよう

2 ボールが見えたら始動する

3 ボールを追いかける

落下位置と
落下時間の
予測が大事

4 ボールの落下地点を予測する

バリエーション

A）難しい場合はワンバウンドしたボールをキャッチ
B）距離を伸ばしたり、速度を上げたりしていく
C）ボールの大きさや材質を変えてみる

ねらい

投げる姿は見えず、ボールが見えた瞬間に反応してキャッチするため、瞬発的な動きが必要になります。この瞬発的な動きを発揮するためには「どのような姿勢が良いか」を見つけることがポイントになります。

位置とタイミングを瞬時に調整

手を構えてキャッチの準備

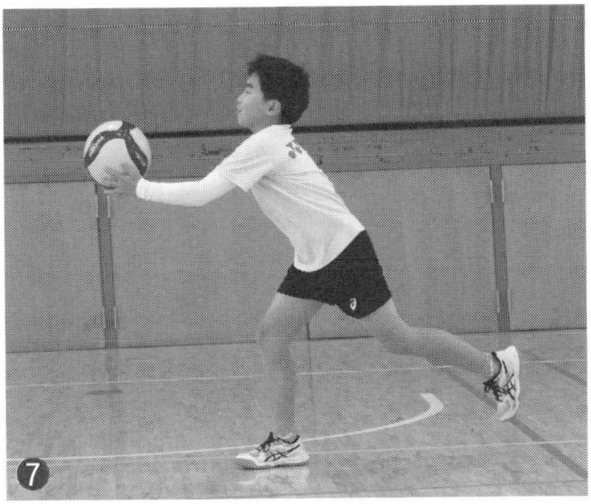

キャッチ

06 パッと見てキャッチ

目を閉じて床に落ちた音を聞いてから目を開けてキャッチする

人数 1人　　難易度 ★
主な能力 反応

動画でチェック!

1

ボールを持ち、目を閉じる

2

目を閉じたまま、ボールを投げ上げる

手や身体の
感覚を
大事にする
3

どの方向に投げたか予測しながら待つ

どの方向にも
動けるよう
フラットに
4

すぐに動けるよう準備

バリエーション

A）自分ではなく他の人にボールを投げてもらう
B）自分から離れた場所に投げる

ねらい

目を閉じて投げ上げたボールが、自分からどれくらいの位置にあるのか、ということを予測できるようにします。さらに、バウンドした音に瞬時に反応して、予測した方向に動き出すことも必要です。ボールの落下位置の予測は「バウンドした音の聞こえる方向」ということも重要な判断材料になります。

落下音を聞く

落下音を聞いたら目を開けて始動

ボールを追いかける

キャッチ

C）ボールの大きさや材質を変えてみる

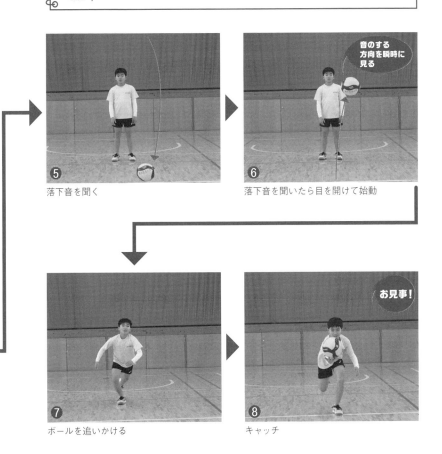

07 立ち上がってキャッチ

長座でボールを投げ上げて
立ち上がってキャッチ

人数 1人　難易度 ★★

主な能力 定位、連結、識別、バランス

動画でチェック!

腕の力と
上半身の力が
必要
1

長座（足を伸ばして座る）の状態で、
ボールを投げ上げる

写真は手を
使って
立ち上がる例
2

立ち上がりの始動

3

立ち上がりながらボールを見て落下位置を
予測

この動作を
すばやく
4

すぐに立ち上がる

バリエーション

A）立ち上がる時に手を使わない

B）自分ではなく他の人にボールを投げ上げてもらう

ねらい

長座の姿勢でボールを高く投げ上げるには、腕の力だけでなく、上半身の力も併せて投げる必要があります。そして、ボールの落下位置を把握しながら、すぐに立ち上がる力も必要です。また、手を使わないで立ち上がる際には、立ち上がるためのバランスも必要です。「どうやってバランスを取るのか」、その方法を見つけることが大事です。

体勢が崩れないようにバランスを取る

立ち上がりながらキャッチの準備

ボールに合わせて身体を反応させる

キャッチ

C）距離や高さを変えて投げ上げてもらう

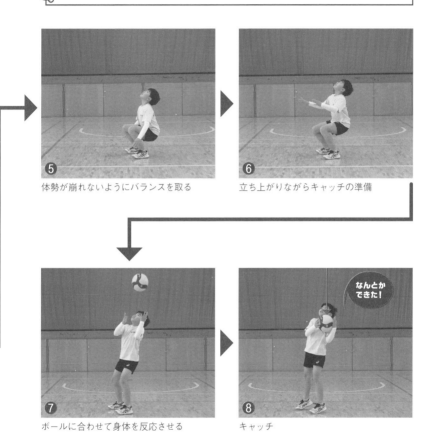

08 股下投げキャッチ

股下からボールを投げ上げて背面でキャッチ

人数 1人　　難易度 ★★
主な能力 識別、バランス

動画でチェック!

身体のすぐ近くに
ボールが
くるように

股下から両手でボールを投げ上げる

肩越しにボールを見る

どうやって捕るかを瞬時に判断

GOOD!

両手でキャッチ

バリエーション

A）背面から投げ上げて前面でキャッチ

ねらい

両手で股下から背後にボールを投げる際に、ボールが身体のすぐ後ろにくるように「力を入れる方向」をよく把握する必要があります。そして、キャッチの際には、背後にあるボールを肩越しに見ながら、「身体のどこを、どう使って捕るか」を瞬時に判断して、両手でキャッチします。

今度は身体の前面で捕ってみよう。
股下から前方に投げ上げる

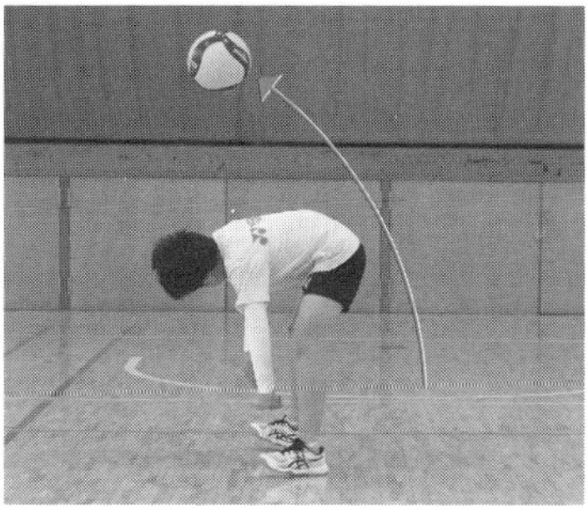

肩越しにボールを見る

落下位置や捕り方を瞬時に判断

キャッチ

B）前面から投げ上げて背面でキャッチ

09 バウンド背面キャッチ

床にボールをバウンドさせ
背面でキャッチ

人数 1人　　**難易度** ★★

主な能力 定位、連結、バランス

動画でチェック!

床にボールを叩きつける

バウンドさせたボールを
背面で捕りに行く

落下位置を読む

落下位置にすばやく移動

バリエーション

A）ボールをバウンドさせた後、1回転してからキャッチ

ねらい

バウンドさせたボールの落下位置を読み、その位置に背中側がくるように位置取りできることが必要になります。この時、ボールを肩越しに見ながら（あるいは直上に見上げながら）背中のキャッチする部分でボールの落下位置に合わせて、両手でキャッチできるようにします。

ボールが背中側にくるよう位置取り

ボールを見上げながら
背中を落下位置に合わせる

キャッチの準備

キャッチ

B）バウンドさせたボールを、一度床にタッチしてから捕りにいく

10 背中でポン&キャッチ

投げ上げたボールを背中で
バウンドさせてキャッチ

人数 1人　難易度 ★★★

主な能力 定位、識別、バランス、反応

動画でチェック!

ボールを投げ上げたら落下位置を特定する

判断と
すばやい
動きが
必要

背中の中心に当たるように位置を調節する

背中を平らにして姿勢を維持

当たった瞬間に
上体を少し
上げてバウンドを
大きくしている

背中に当たったら瞬時に反応

A） ワンバウンドしたボールを背中で
バウンドさせてキャッチ

ねらい

ボールを背中でバウンドさせる際、真上に弾ませるには、背中の平らな部分に当てる必要があります。これは、自分の身体を正しく把握し、イメージ通りの姿勢をとる力がないとできません。また、ボールの落下位置を正確に読むことも必要です。さらに、バウンドしたボールの方向や位置を瞬時に把握し、移動する瞬発力も必要です。

肩越しにボールを見る

ボールの方向や位置を把握

ボールにすばやく反応

キャッチ

B）ボールを投げ上げた後、1回転してから背中にバウンドさせてキャッチ

第2章

「受ける・捕る」に親しむコーディネーション

キャッチボールの苦手な子を観察すると、捕球の際に顔をよけ、手が伸びているのがわかります。なぜか？　ボールが怖いからです。ボールのスピードやボールとの距離がつかめていないのです。

距離感は、繰り返すことでつかむことができます。スピードや距離感をつかめるように「近く」から投げた「ゆるいボール」を捕る。そして少しずつ距離を広げたり、速度を上げたり、方向を変えたりすることで、ボールの軌道を予測できるようになり、距離感がつかめてきます。

捕球は大きいボールほど簡単で、小さなボールは難しい。また、両手より片手、素手で捕るより道具を用いるほうが難しい。指や手首を始め、全身の細かい動きが必要だからです。

少しずつ難易度を上げていくのが上達の秘訣です。

11 イージー・キャッチ

投げ上げたボールをキャッチ

人数 1人　**難易度** ★

主な能力 定位、変換、リズム

動画でチェック!

① お腹の前あたりにボールを構える

左右、前後に
ずれない
ように

② 直上に投げ上げる

両手で
パッと
つかむ

③ 胸の前でしっかりキャッチ

④ 今度は捕り方を変えてみよう。
頭の上でキャッチ

バリエーション

A）床をタッチしてからキャッチ

B）前転してからキャッチ（写真）

ねらい

落ちてくるボールの位置やボールとの距離感やタイミングを計る練習になります。また、多くの人は、両手から片手にすると、苦手な側があります。苦手な側で「どのようにタイミングや距離感を図るか」を探りながらチャレンジするとよいでしょう。さらに背中側で捕るには、ボールの落ちてくる位置を合わせるために「どのようにボールを見るか」という異なる感覚も必要になります。

いいね!
直立で
捕球できた!
5
背面でキャッチ

捕る時に
スッと手を
下げる
6
片手でキャッチ（反対の手もやってみよう）

手の部分の
アップ

手を少し
丸めると
捕りやすい
7
片手を上げてキャッチ
（反対の手もやってみよう）

頭のすぐ後ろに
ボール通すと
捕りやすい
8
背面で片手キャッチ

C）前転してから片手キャッチ、背面キャッチ

D）ボールの大きさや材質を変えてみる

12 道具でキャッチ

投げられたボールをコーンやコップでキャッチ

人数 2人　　難易度 ★

主な能力 定位、変換、識別、バランス、リズム

動画でチェック!

最初は3m
くらいの
近い距離で
OK
1

紙コップを持ち、相手は山なりのゆるいボールを投げる

軌道から
どこに落ちてくるかを
予測する
2

ボールを見ながら、コップを合わせる

いいね!
3

キャッチ

コップでボールを
受けた瞬間に、
腕と膝を
スッと下げる
4

ボールが跳ね出ないよう勢いを吸収

バリエーション

A）体勢を変化させてからキャッチ

例：1 回転する、ジャンプする、床に手をつくなど

B）軌道の高さや距離を変えてキャッチ

ねらい

　手ではなくコップなどの道具で落ちてくるボールをとらえるには、持っている道具に「とらえる感覚」を反映させる必要があります。さらには、とらえた後にボールが弾まないように「緩衝させること」も必要になります。タイミングを計りながら「緩衝させる動き」を発揮していくことが要求されます。

5
今度はボールを変えてみよう。
ピンポン玉で

6
跳ね出ないよう、しっかり吸収

7
今度は軌道を変えてみよう。
相手はボールをワンバウンドさせる

8
ボールに勢いがあるので、しっかり吸収
キャッチ

1回転してから
キャッチ

13 ジャンピング・キャッチ

ボールを投げ上げてジャンプして
タイミングを合わせてキャッチ

人数 1人　**難易度** ★★

主な能力 定位、変換、リズム、連結

動画でチェック!

ひざも使うと
真上に
投げやすいよ
①

ボールを自分の真上に投げ上げる

②

ボールの頂点から落下位置と
タイミングを予測

位置を
微修正して
③

落下位置に移動してジャンプの用意

タイミングを
見計らって
④

いつでも跳べるようひざを曲げる

バリエーション

A）ボールを前・後・左・右に投げ上げてキャッチ

ねらい

ジャンプしてボールをとらえに行くということは、落下してくるボールを迎えに行くことです。このため、ボールの速度を十分に図りながらジャンプすることが必要です。また、自分がジャンプした際のボールに向かうスピードや高さを把握して、それをボールの動きと合わせることが必要になります。

ジャストタイミングでジャンプ

キャッチ

膝を曲げて着地

B）体勢を変化させてからキャッチ

例：1 回転する、床に手をつく、ジャンプを2回するなど

14 パンケーキ・レシーブ

ボールを投げ上げ、落下位置を見定めて床についた手の甲で受ける

人数 1人　難易度 ★★★
主な能力 定位、リズム

動画でチェック!

体勢が変化するので
落下地点の予測が難しい

ボールを高く投げ上げ、予測した落下地点に移動して、姿勢を低くする

ボールを下から
のぞき込む
感じで

落下位置を予測しながら手のひらを床につける

タイミングを
見計らって

ボールを見ながら手の位置を素早く微修正

バリエーション

A）跳ねたボールを仲間にキャッチしてもらう

ねらい

床についた手の甲で落下してきたボールをとらえるという動作には、より詳細な落下位置の予測が必要です。さらに、ボールを狙った方向に弾くためには「手の甲のどこに当たると、どの方向に跳ね返るか」ということの把握も必要です。１点にピタリとボールを当てる正確さが要求されるメニューです。

ヒットする瞬間は、
手のひらを床にピタリとつける

しっかり前に跳んだ！

★ハイレベル

跳ねたボールをノーバウンドでキャッチ
できるかな？

B）仲間のいる方向にボールを跳ねさせる

15 手を回してキャッチ

軽く投げ上げたボールの周りを、くるりと手を回してキャッチ

人数 1人　難易度 ★

主な能力 反応、連結、識別、リズム

動画でチェック!

ボールを片手で軽く投げ上げる

②③④⑤ボールの形に沿って、手をぐるりと周回させる

ボールに触れずギリギリの位置で

片手でキャッチ

バリエーション

A）反対の手でもやってみる

ねらい

軽く投げ上げたボールが「空中を移動している時間」や「上がって落ちる」という動きに合わせ、手をボールの形に沿って回します。空中で移動するボールの動きを読み、なおかつタイミングを計りながら手を動かすことが必要となります。

今度は手を逆方向で回してみる

⑧⑨⑩⑪ボールの形に沿って、手をぐるりと周回させる

ボールに触れずギリギリの位置で

片手でキャッチ

B）手を２周させてみる

16 ダッシュ＆ストップ

また下を通過したボールを素早く追いかけて止める

人数 2人　**難易度** ★

主な能力 定位、反応、連結、変換、バランス

動画でチェック!

1 相手は背後からボールを転がす

2 ボールが見えたら急いで追いかける

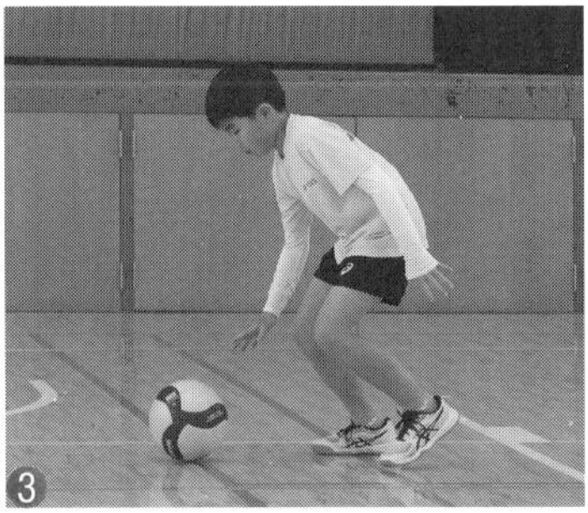

3 できるだけ短い距離で追いつこう

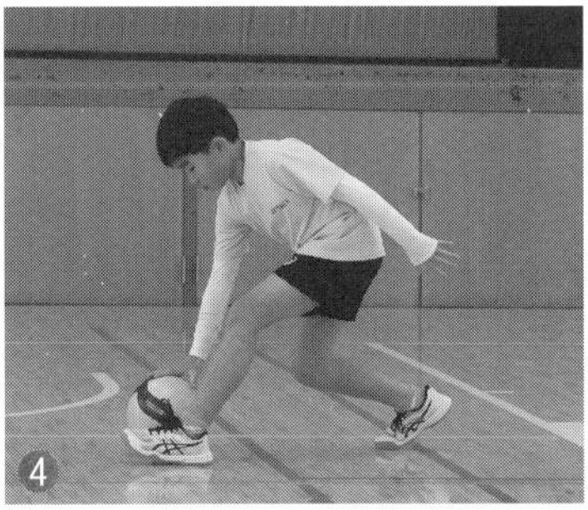

4 ボールを止める

バリエーション

A） ボールを出す角度を変えてみる

B） ボールを軽くバウンドさせる

ねらい

ボールの動きに瞬時に反応して動き出すことが要求されます。さらに、動いているボールを身体の部位を使って止めることは、部位ごとに「止める動き」や「タイミング」も異なってきます。「ボールを止めやすく、タイミングを合わせやすい部位」と「止めにくく、合わせづらい部位」があることを知り、各部位ごとに必要な動きやタイミングを把握しながら実施しましょう。

5
今度は、身体の部位を
変えて止めてみよう

ボールの少し
手前でも
止められた！
6
足の裏で止める

追い越さないと
止められない！
7
今度はひざで止める

追い越して
回り込まないと
止められない！
8
今度はお尻で止める

C）ボールの大きさや材質を変えてみる

17 ジャンプ&ダッシュ&ストップ

転がされたボールを跳び越えたら、すぐに追いかけ、止める

人数 2人　**難易度** ★
主な能力 定位、反応、連結、リズム

動画でチェック!

相手はボールを転がす

ジャンプしてボールを跳び越える

ジャンプの後、
すぐに振り向いて追いかける

足で止める

バリエーション

A）ボールを出す角度を変えてみる
B）ボールの速度を変えてみる

ねらい

　ボールの動きにタイミングを合わせてジャンプして跳び越える動きと、瞬時に振り返りボールを追いかける動きが要求されます。「跳び越える」という動きを行ってから「瞬時に振り向く」「ボールを追いかける」「止める」という異なる動きをうまく連結させる能力が必要になります。

⑤今度はジャンプの後、
体の部位を変えて止めてみよう

⑥追いかけて

⑦ひざで止める

⑧次はお尻で止め

C）ボールの大きさや材質を変えてみる

D）軽いバウンドのボールでやってみる

18 長座でキャッチ

動画でチェック!

立っている状態で投げ上げ、落下位置を判断し座ってキャッチ

人数 1人　難易度★★
主な能力 定位、連結、リズム

ボールを高く投げ上げる

落下位置を予測しながら移動する

落下までの時間も読みながら移動

ボールは見続け、
落下位置をほぼ確定させる

バリエーション

高くボールを投げ上げ、ワンバウンドさせて長座キャッチ

ねらい

投げ上げたボールの落下位置を予測し、その位置に座り落ちてきたボールをキャッチします。この時、投げ上げたボールが落ちてくるまでの時間を読み、タイミングを合わせながら、ボールを捕る位置と落下位置が一致するように測りながら座り込み、キャッチすることが必要になります。

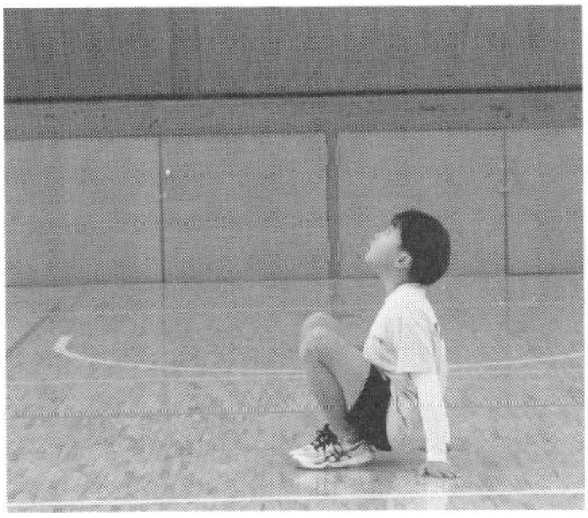

位置を微修正しながら素早く座る

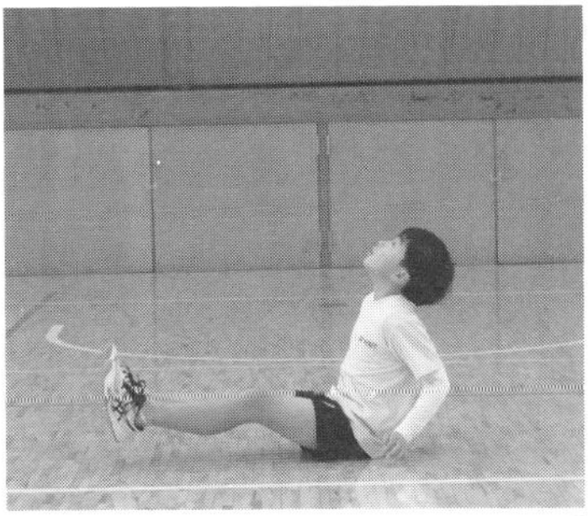

ひざを伸ばす（長座する）

そのままの姿勢でボールを待つ

キャッチ

お見事!

第3章

「打つ・突く・蹴る」に慣れるコーディネーション

私が専門にするバレーボールは手でボールを打ちます。野球はバットで打つし、テニスやバドミントン、卓球はラケットで打ちます。ゴルフはクラブで打ちますね。これらはどれも共通していて、手を延長させるように道具を持ち、道具を操作しています。つまり、道具は「長い手」のような役割をしているわけです。長い道具でボールを「打つ」のは難しいですが、手に当てることはできます。この「手に当てる」さらには「手で打つ」ということが確実にできれば、道具で打つことにもつながっていきます。また、「足で打つ」のが「蹴る」という行為です。手や足に確実に当てられれば、「打つ」も確実に上達します。

19 タッピング

手のひらや足裏を使い、くり返しボールを弾く

人数 1人　難易度 ★
主な能力 識別、バランス、リズム、定位

動画でチェック!

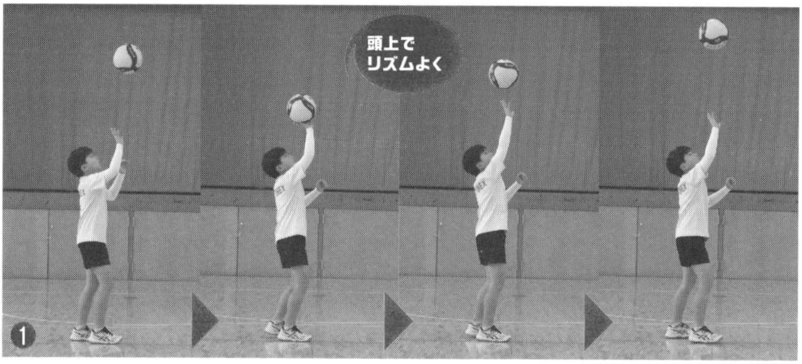
頭上で
リズムよく
1

最初は片手でタッピング
反対の手でもやってみよう

手の操作を
左右で
同じに
2

次は左右の手で交互にタッピング

バリエーション

A）ボールを壁に当てながらやってみる

ねらい

リズムよく、くり返しボールを弾くことを「タッピング」と言います。空間でボールが動くことを把握しながら、ボールに対し「必要な方向」と「適度な加減」で力を加え、なおかつ一定のリズムを伴って、連続して弾いていきましょう。左右で交互に行う場合には、これらの操作が、左右同様にできることが求められます。

左右両方とも頭を
ボールの下に
入れ替えているのが
GOOD!
3

ポン、ポン、ポンとリズムよく

最初は
軽いボールが
やりやすいよ
4

今度は足の裏でやってみよう。自転車をこぐように足を回していこう

B）ボールの大きさや材質を変えてみる

20 ハンド・リフティング

前腕部分でリフティング。左右それぞれ、左右交互に

人数 1人　難易度 ★★

主な能力 識別、バランス、リズム、定位

動画でチェック!

①最初は片手でリフティング

②低くてかまわないのでリズムよく

③腕はあまり振らない

④真上に弾くように
反対の腕でもやってみよう

バリエーション

A）拍手・左手・拍手・右手…と拍手をはさむ

B）左手・ヘディング・右手・左手・ヘディング…とヘディングを加える（右写真）

ねらい

ボールを安定させて前腕でリフティングするには「腕のどの部分に当てると一定の動きが作れるか」を把握することが大事です。ボールへの力の伝え方も「方向」や「加減」が一定になっていることが必要となります。また、左右の腕を交互に使う場合には、左と右の差が出ないように腕の動きを引き出すことが求められます。

今度は左右交互の腕で

軽く膝を屈伸させてリズムをとる

21 合わせてヒット

高めの台から落とされたボールをタイミングを合わせて打つ、蹴る

人数 2人　**難易度** ★★

主な能力 定位、変換、識別、バランス、リズム

動画でチェック!

ボールを出す
人は手をスッと
放して落とす
感じで
1
相手は高めの台からボールを落とす

手の固い
部分を
使おう
2
タイミングを合わせて

3
手のひらで打つ

バリエーション

A）ボールを床に打ち付ける

B）利き手でない方でも打つ

ねらい

落下するボールと自身の動作に要する時間をすり合わせることが求められます。この運動は「動作のリズムを把握」し、なおかつ「移動するボールにそのリズムを当てはめる」作業です。自分で「どのようにしてタイミングを計るか」というコツを見つけることが必要となります。

自分の「打つリズム」を
ボールに当てはめてヒット

まっすぐに打ち出す

腕は振り切る

C）ジャンプして打つ

D）より高いところからボールを落とす

22 ボールを床に打ち付ける

動画でチェック!

投げられたボールを床に打ち付け相手へ送る

人数 2人　難易度 ★★

主な能力 定位、変換、識別、バランス、リズム、連結

① 相手はボールを下から軽く投げる

② ボールの落下位置を予測して移動

③ タイミングを合わせてスイング

④ 狙った方向に打ち出す

バリエーション

A）打つ時の強さや狙う方向、狙う距離を変えてみる

B）ボールを出す距離や高さを変えてみる

ねらい

ボールをどの方向へ、どのくらいの力を入れて打ち付けると、狙った方向にボールが飛んでいくかを把握することが必要となります。距離を取ったり、ジャンプしたりする場合には、その時々の状況に合わせて基本となる感覚を利用して、加える力の大きさや方向を調整しながら行います。

今度はジャンプしてヒットしてみよう。
相手は下から軽く投げる

ボールの落下位置で
タイミングよくジャンプ

スイングとヒット

狙った方向に打ち出す

C）床に的を置いて狙って打ってみる

23 ボールを打ち返す

投げられたボールを
手や用具を使って打ち返す

人数 2人　難易度 ★★
主な能力 定位、変換、識別、バランス、リズム

動画でチェック!

①
相手はボールを下から軽く投げる

②
手のひらで下から打ち返す

③
今度は手のひらで横から打ち返す

④
次はラケットを使って。
相手はボールを下から投げる

バリエーション

A）打つ時の強さや狙う方向、狙う距離を変えてみる

ねらい

それぞれの打ち方で、手のひら、またはラケットやバットにボールを当てるために、手や用具のどのあたりに狙いをつけると当たるのかというような、当てる感覚をつかむことが重要。片手を使って打つ時は反対の手で狙いをつけることがポイントです。

ラケットで下から打ち返す

今度はラケットを横に振って打ち返す

今度はラケットを上から振って打ち返す

今度はバットを振って打ち返す

B）ボールを出す距離や高さを変えてみる

24 ボールを連続で打ち返す

動画でチェック!

バウンドするボールのリズムに合わせて打ち返す
バウンドしたボールの位置を把握して打つ

人数 2人　難易度 ★★
主な能力 定位、変換、識別、バランス、リズム

まずは
近い
距離で

❶ 二人組でボールを打ち合う

❷ ワンバウンドさせる

タイミングを
合わせ、相手を
狙って打つ

❸ 下から打つ

❹ ラリーを続ける

バリエーション

A）ノーバウンドでラリーをしてみる

ねらい

狙った方向へボールが飛ぶように、「ラケットの向きや足を踏み出す方向」を調整しながら「ボールの捉え方」や「力を加える方向」、「加える力の加減」をつかむようにします。意図しないボールが来て、体勢を崩されても、それに応じた打ち方の「感覚の調整」をできるようにします。ラケットを利用する場合は、手から用具に力を伝え、用具からボールへ力が働くことをイメージすることが必要です。

ボールの方向と
力の加減をつかむ
5
今度はラケット使って、
ボールを打ち合う

6
ワンバウンドさせる

ラケットの面で
しっかりボールを
とらえる
7
下から打つ

8
ラリーを続ける

B）打ったら1回転するなど、動作を増やす

25 両手でリフティング

2つのボールを持って手のひらでリフティング

人数 1人　難易度 ★
主な能力 定位、変換、識別、バランス、リズム

動画でチェック!

両手でボールを持つ

左右の手で同じタイミングで投げ上げ

左右の手で同時に打つ

連続して行う

バリエーション

A）少し重いボールでやってみる

ねらい

両手で同時にボールをリフティングする際は、２つのボールを視野に入れつつ、左右の手で同じタイミングで、同様の加減をした力でボールをリフティングする必要があります。ひじを曲げたところから始め、慣れてきたらひじを伸ばして行ってみましょう。さらに慣れてきたら、交互操作を行い、感覚の違いについても把握してみます。はじめは軽いボールで行うとよいでしょう。

5 今度は左右でタイミングをずらして交互に打ちます　右手打ち

6 左手打ち

7 右手打ち

8 左手打ち　交互に繰り返す

B）小さなボールでやってみる

26 的当てシュート

動画でチェック!

ボールを蹴ったり、打ったりして的に当てる

人数 1人　難易度 ★★

主な能力 定位、変換、識別、バランス、リズム

段ボールの的をめがけてボールを蹴る

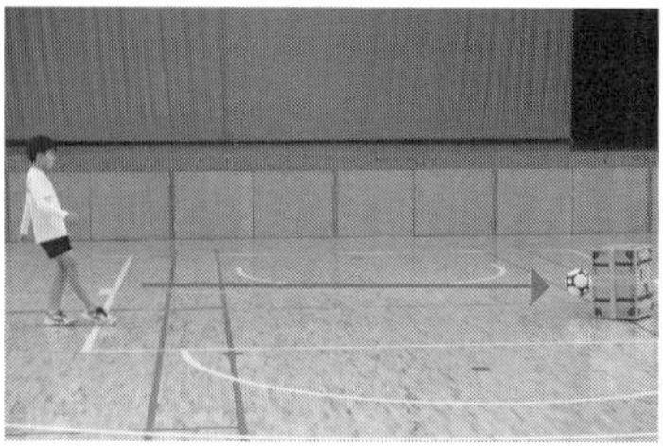

今度は的を高くしてボールを蹴る

バリエーション

A）バットでボールを打つ

ねらい

ボールを蹴ったり打ったりする際に、狙った的めがけてボールが飛んでいく軌跡をイメージします。その際に、軌跡と「一致した方向に力を加えること」や「足やラケット、バットの向き、身体の向き」などを考えて「的を狙う動作」、「狙う際のポイント」を見つけ、コントロールする必要があります。足やラケットを振りながら、それを探り、調整していきましょう。

ラケットを横に振ってボールを打つ

ラケットを縦に振ってボールを打つ

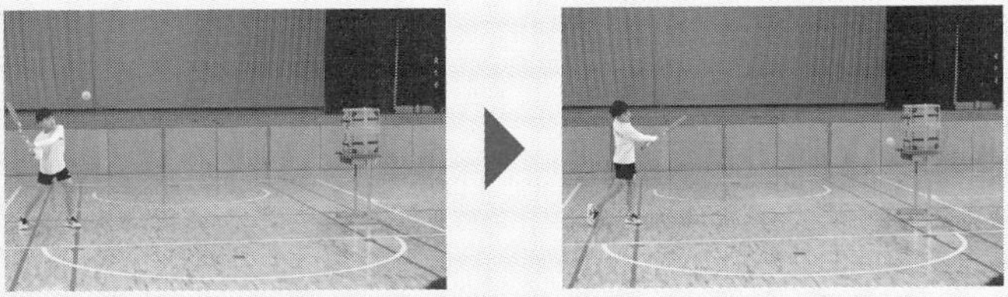

27 パス&リフティング

手でリフティングしながら、
足を使ってパス交換

人数 2人　難易度 ★★★

主な能力 定位、変換、識別、バランス、リズム

動画でチェック!

2人がそれぞれ手でボールを
リフティング

リフティングを続けながらボールを蹴る

リフティングを続けながらボールに移動

バリエーション

A）蹴る速度を早くしたり、距離を短くしたりする

ねらい

まず手でリフティングするボールの動きを安定させます。その上で、初めはゆっくりとしたボールを蹴ってもらい、そのボールを足で受けゆっくりと蹴り返します。この時に、常にリフティングするボールのリズムは一定にしながら行います。また、これら２つの動きに対する感覚への意識を交互に切り替えてながら実施します。

ボールの来る位置を予測して動く

蹴る準備

蹴る

B）左右交互にリフティングしながら利き足以外で蹴る

第4章

「投げる」を楽しむ
コーディネーション

私が子供の頃、公園や空き地ではキャッチボールをする子が大勢いました。しかし今は、多くの公園でボール遊びを禁止し、空き地も減りました。こうしたこともあり、ボールをうまく投げられない子が増えています。腕だけでは、ボールはうまく投げられません。近くに投げるなら腕だけでも投げられますが、遠くに投げたり、速い球を投げたりするには、体全体を使います。「投げるのが苦手」という人は、たいてい腕だけで投げているのです。投げるという動作は「体をひねり」「足を踏み出して体重を移動し」「腕を大きく、ムチのように振り」「ひじと手首を使って」の全身運動です。何度もくり返したり、いろいろな動きの中で投げているうちに、身体がスムーズに連動して、上達していきます。

28 投げて的当て

段ボールの的を目がけてボールを投げる

人数 1人　**難易度** ★
主な能力 定位、変換、識別、バランス

動画でチェック!

1 的を狙って両手で投げる

2 腕や手だけでなく脚や上半身も使う

床のどこに
投げれば、
どう弾んで
的に当たるかを
予測する

3 的を狙って両手でワンバウンドさせる

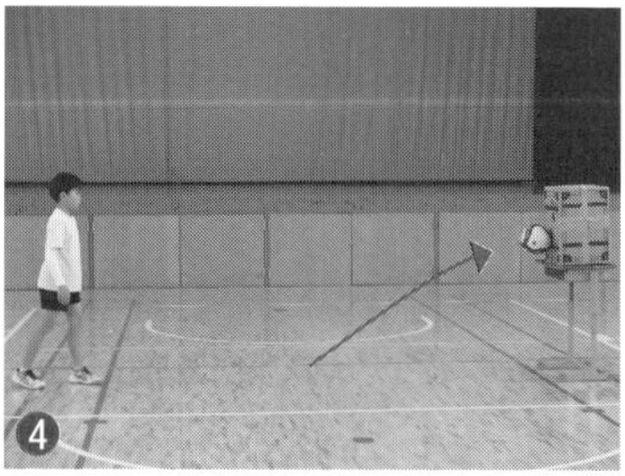

4 ボールの強さと方向（高さ）を調整する

バリエーション

A）的との距離を長くする
B）ボールを変えてみる

ねらい

ボールを投げる際に、狙った的に向かってボールが飛んでいく軌跡をイメージします。どのような投げ方をすれば、イメージした軌跡と一致する方向にボールが飛ぶように力を加えられるのか、どこを狙えばいいのか、というポイントを的確に見つけ、コントロールする必要があります。的を狙うことによって、微調整する感覚が身に付くのです。

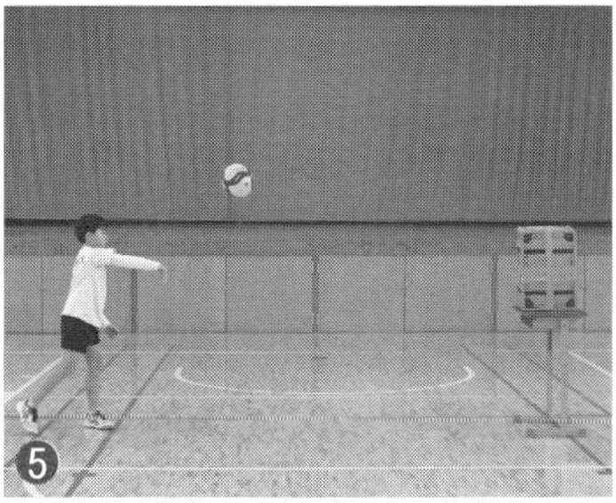

片手で投げてみる

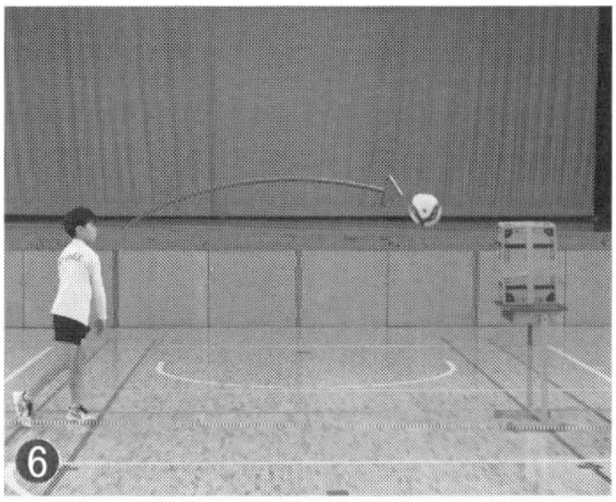

腕だけでなく上半身のひねりを使う。
漠然と投げるのではなく、指の感覚、
腕の振り方、脚の踏み出し方、
上半身の使い方などを意識する

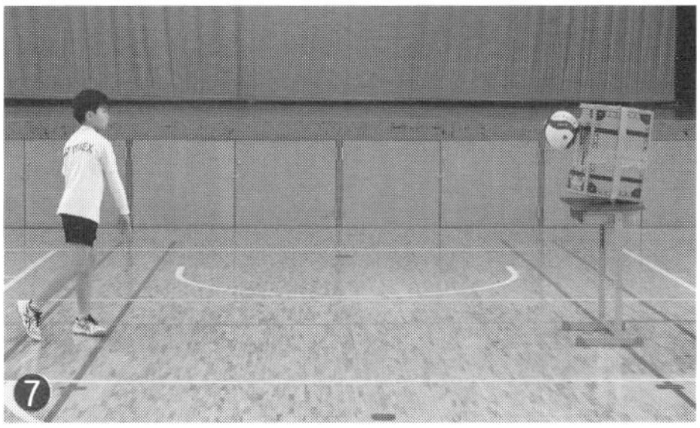

身体のどの部分で（つま先の向き、腕の振りの方向 etc.）
狙いをつけているのかよく考えて狙ってみる

C）的の大きさを変えてみる

29 ペットボトルボウリング

ペットボトルを並べ、ボールを転がして倒す

人数 1人　難易度 ★

主な能力 定位、変換、識別、バランス、リズム

動画でチェック!

① ペットボトルを狙って片手で下から投げる

② 投げながら次のことを確認しよう

③ 「イメージした軌跡と実際の軌跡」

④ 「足の踏み出し方」

バリエーション

A）上から投げる

B）ボトルまでの距離を長くする

C）両手で投げる

ねらい

ボールを手で投げて転がして的に当てます。ボールをコントロールするためには、的までの軌跡をイメージし、これに一致させるようにボールを放つ必要があります。それには、力の加減を調節し、動作する能力が求められます。様々な投げ方をすることで、動作の違いやボールの軌跡の違いを把握し、調整します。

5 「手の振り出し方」「手首の使い方」

6 成功した場合は再現できるようにし、
失敗した場合は調整する

7 キックでもやってみよう

8 動作やボールの軌跡の感覚の違いを知る

D）反対の手で投げる

E）ボールの大きさや材質を変える

30 狙ってバウンドパス

フラフープや線で囲ったところにバウンドさせ相手へパスする

人数 2人　**難易度** ★
主な能力 定位、識別、バランス

動画でチェック!

❶ 両手でボールを持つ

❷ フラフープを狙って上から投げる

❸ バウンドしたボールが
相手の胸に行くようにする

❹ 強いボールを投げたパターン

バリエーション

A）片手で投げる（左右）
B）距離を長くする

ねらい

決められた場所へバウンドさせて狙ったところへボールを送るためには、第一に、自分の立ち位置、バウンドさせる場所、ボールを送る場所の３点を結ぶ軌跡をイメージすることが必要です。そのうえで、イメージした軌跡を実際のボールがなぞらえるように、距離等も勘案しながら、「力を働かせる方向」を決め「力の加減」をすることが必要になります。

5

次は弱いボールを投げるパターン

6

弾む角度を考えてボールを出す

7

C）ボールの大きさや材質を変える

D）バウンドさせる場所の面積を小さくする

31 線上でパス交換

動画でチェック!

線をなぞるように横へ移動しながらor平均台の上を歩きながらパス交換

人数 2人　難易度 ★

主な能力 定位、連結、識別、バランス、リズム

線から
ずれないように
1

体育館内に引いてある線上を平行に移動しながらパスを出す

パスを出す側は
移動方向に
ボールを出す
2

キャッチする側も線上を移動

3

キャッチしたらすぐにパスを出す

4

線上を素早く正確に移動しながら行う

バリエーション

A）片手で投げる（左右）

B）距離を近づけて速度を増す

ねらい

指定された場所を移動しながらパス交換を行うには、第一に、移動する方向を先取りしながら動いていくこと、第二に、その動きの中にパスする動作を組み込むことの２つの動きを組み合わせることが必要です。左方向・右方向に移動しますが、苦手な向きがある場合は、移動の速度やパスの動きを遅くしたりすると取り組みやすくなります。

キャッチしたらすぐにパスを出す。今度は逆方向に移動しながら

相手の移動する距離を測りながらパスを出す

キャッチしたらすぐにパスを出す

これをくり返す

C）平均台の上を歩きながらパス交換

32 どんぴしゃりの場所に投げる

手に乗る位置に軽くボール投げ、相手はそれをキャッチ

人数 2人　**難易度** ★
主な能力 定位、変換、識別、バランス、リズム

動画でチェック!

相手の右２mのところに狙いを定める

山なりの軌道でボールを投げる

想定通りの軌道か確認

バリエーション

A）片手で投げる（左右）
B）距離を遠くする

ねらい

コントロールよく相手にボールを投げるには、第一に、ボールが相手に至るまでの軌跡を想定する必要があります。そのうえで、その軌跡をなぞらえてボールが動くよう、「足を踏み出す方向」「腕を振り下ろす方向」「ボールを放つ際の上半身の向き」「手のひらの向き」などに考慮して動作し、ボールに力を加えることができるようにします。キャッチする側もボールの軌跡から落下地点を想定し、手に乗るようにキャッチします。

キャッチする側は落下地点に移動

両手の上に乗るよう構える

キャッチ

C）床に目印のテープを張り、狙いの精度を上げる

33 陣取り的当て

的となる箱に等距離からボールを投げ、箱を相手側へ押しやる

人数 2人　**難易度** ★

主な能力 定位、識別、バランス、リズム

動画でチェック!

箱から等距離に立って構える

合図とともに開始

箱を動かすには回数を上げる

ボールを拾う時間を減らすには
正確性を上げる

バリエーション

A）片手で投げる（左右）

ねらい

的となる箱を相手方へ移動させるには、相手よりも早く、多く、ボールを当てる必要があります。急ぎつつも、狙ったところへくり返し当てるには、いつも同じ、安定した動作ができるようにすることがポイントです。

急ぐと動作が乱れるので安定させる
的を外したりするとボールを取りにいかなければならい

箱までの距離が変わっても即座に対応

急ぎつつも正確に

終了

B）距離を遠くする

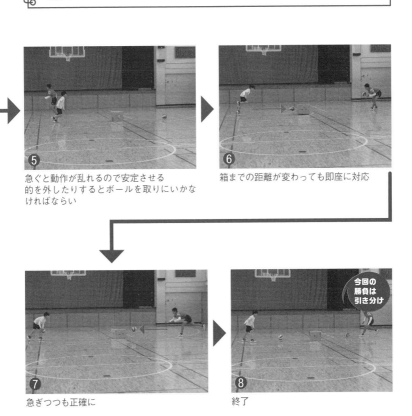

34 ランニングパス

常に一定の場所でボールを受け渡す

人数 3人　難易度 ★

主な能力 定位、識別、バランス、リズム

動画でチェック!

1人目がパスを出して走り出す

パサーは捕ったらその場にポンと出す

1人目はボールを受け走る

2人目がパスを出す

バリエーション

A）片手で投げ、パサーは片手で捕る

B）距離を短くして、スピード感を増す

ねらい

パサー（パスを受ける人）にボールを投げると同時に、パサーの方向に走り出す。パサーはパスが出てくる方向に体を向け、ボールを受けたらすぐその場に浮かすようにボールを出す。パスを出した人は、パサーのそばを走り抜けながらボールをキャッチして走り抜ける。次の人も同様にパス交換し、これをリズムよくくり返す。パスを出す２人は8の字を描くように走る。「投げる・走り出す・受ける」をタイミングよく連続させる。

パサーは捕ったらその場にポンと出す

２人目はボールを受け走る

１人目がパスを出す

パサーは捕ったらその場にポンと出す。動きが止まらぬよう、以上の動きをくり返す

C）距離を長くして、パスの正確性も意識する

D）ボールの大きさや材質を変える

35 ランニング・バウンドパス

目印の位置にバウンドさせて走りながらパスをする

人数 2人　難易度 ★★

主な能力 定位、識別、リズム、連結

動画でチェック!

走りながら目印にボールを
バウンドさせてパスを出す

止まらずパスができるよう
少し先を狙って投げる

捕るときにも足を止めない

捕ったらすぐに次のパスを出す

バリエーション

A）距離を短くしてスピード感を増す

B）距離を長くしてパスの正確性も意識する

ねらい

走りながらバウンドさせる位置に狙いをつけ、放たれてバウンドしたボールが狙った位置に向かうようにその軌跡をイメージすると同時に、投げたボールがその軌跡をなぞるように調節する必要があります。走りながらこの動作を行うには、ゆっくりとした走ることから始め、「コントロールをつけて投げる」という感覚を意識しやすい状態にすることです。慣れてきたら徐々に走る速度を上げていきます。

5 ワンバウンドしたボールが
相手の移動する先に行くように

6 移動速度を考慮したバウンドパス

7 これをくり返す

C）目印を置かずにやってみる

D）はずみの異なるボールを使う

36 壁に当ててパス

直接ではなく、
壁を介してパス交換をする

人数 2人　難易度 ★★

主な能力 定位、識別、リズム

動画でチェック!

壁を狙ってボールを投げる

跳ね返ったボールが
相手の正面にいく位置を狙う

方向や高さだけでなく、
ボールの強さ（速さ）も考慮する

跳ね返ってきたボールをキャッチ

バリエーション

A）お互いに利き手と反対の手で行う

B）距離を短くしてスピード感を増す

ねらい

投げたボールが壁に当たり、狙った仲間のところへ跳ね返っていく軌跡をイメージします。その軌跡をなぞらえるように投げる動作の調節が必要となります。この動作の調節は「身体の動かし方」や「投げる際の力の加減」「放つ方向」について行うことになります。できる限り相手が動かないでキャッチできるように投げましょう。

5

今度は捕った人が投げる

6

方向や高さだけでなく、
ボールの強さ（速さ）も考慮する

7

軌跡をイメージし、
それを体現できるように動作を行う

ボールの
速さが少し
足りなかったかな…
8

これをくり返す

C）距離を長くしてパスの正確性も意識する

D）ボールの大きさや材質を変える

37 動く的を狙ってパス

転がしたフラフープの中を通して相手へパスをする

人数 3人　難易度 ★★
主な能力 定位、識別、リズム

動画でチェック!

1 人がフラフープを転がす

投げるタイミングを見計らって

方向や高さを狙い

ボールの速度も意識する

バリエーション

A）バウンドさせたボールを通過させる
B）距離を離してやってみる

ねらい

転がるフラフープの移動するスピードからタイミングを計り、投げるボールの速度を予測していくことが必要になります。投げたボールが輪の中を通り、狙ったところへ到達するという軌跡をイメージし、これをなぞるように投げる必要があります。

5 ジャストタイミングで投げる

6 方向や高さだけでなく、
ボールの強さ（速さ）も考慮する

7 フラフープを通過して

8 バウンドしたボールをキャッチ

C）ボールの大きさを変える

D）フラフープを転がすスピードを変える

38 壁に当てて正確に戻す

立ち位置を決めてボールを投げ、そこに戻るよう壁に当てる

人数 1人

難易度 ★★★

主な能力 定位、識別

動画でチェック!

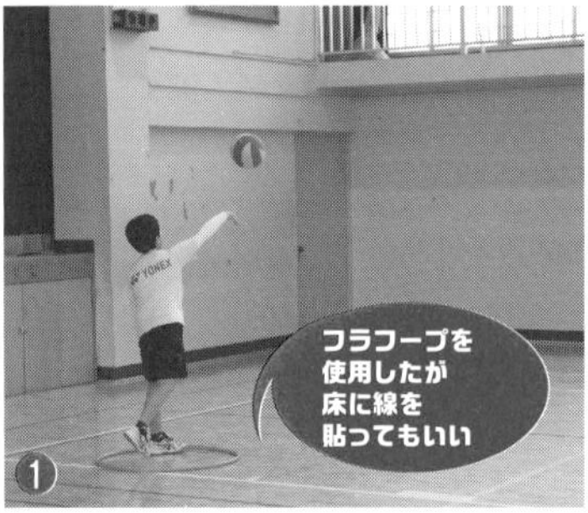
フラフープを
使用したが
床に線を
貼ってもいい
①

立ち位置を決めて、
壁に向かってボールを投げる

②

方向、高さ、強さなどを計算して投げる

③

壁に当てて

少し
ずれたかな…
④

ボールが戻ってくる

バリエーション

A）ボールを蹴ってみる

B）用具を使って打ってみる

ねらい

壁に向かって投げたり、蹴ったり、打ったりしたボールが自身の立ち位置に戻るには、ボールを放つ際の方向やその力加減を調節し、イメージした軌跡を正確になぞらえるようにすることが必要となります。慣れてきたら取りやすい位置に帰ってくるように投げてみましょう。

今度は反対の手でも投げてみる

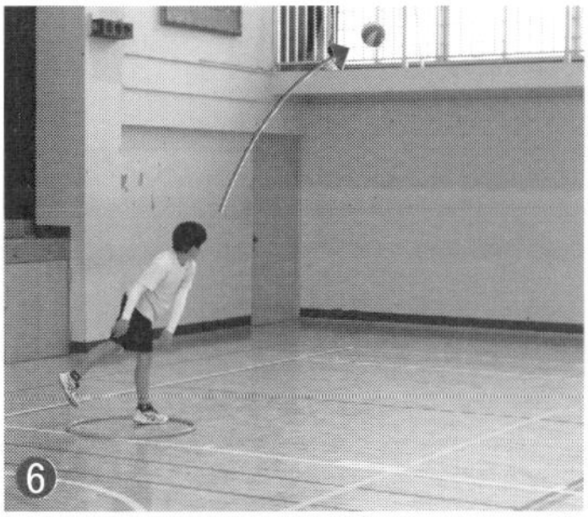

方向、高さを計算して投げる

壁に当てて

ボールが戻ってくる

C）はずみの異なるボールを使ってみる

39 2つのボールでキャッチボール

2つのボールを使って同時にキャッチボール（投球・捕球）：
ノーバウンド、バウンド、片方がバウンド

人数 2人　難易度 ★★★
主な能力 定位、識別、リズム

動画でチェック！

お互いにボールを持って向き合う

ボールがノーバウンドで相手の正面にいく位置を狙う

方向や高さだけでなく、
ボールの強さ（速さ）も考慮する

ボールをキャッチ

バリエーション

A）2人ともワンバウンドで投げる

ねらい

互いに２つのボールの動きを連動させます。バウンドなしの場合は互いに同じタイミング、同じ力の加減、左右対称の動きなど、同時操作を行うための調節を図ることが必要になります。片方がバウンドさせる場合は、ボールの軌跡が変わりタイミングが異なるので、互いに投げるボールの動きのリズムやタイミングを考えながら投げる必要があります。

5

今度は片方（左）の人がバウンドさせるように投げる

6

方向や高さだけでなく、
ボールの強さ（速さ）も考慮する

7

軌跡をイメージし、
それを体現できるように動作を行う

ボールの
速さが少し
足りなかったかな…
8

これをくり返す

40 忙しいパス交換

動画でチェック!

ボールを頭上に高く投げ上げている間にパス交換を行う

人数 2人　**難易度** ★★★

主な能力 定位、反応、変換、識別、リズム

❶
Aがボールを投げ上げ、
Bはパスを出す

❷
スタート！

❸
Aはボールを投げ上げたら、
すぐに「キャッチ」に切り替え

ねらい

ボールを送る人は、頭上に投げ上げる人の動きのタイミングを見計らってボールを投げます。ボールを投げ上げる人は、頭の真上に上がるように調整して投げつつ、投げた直後には仲間から送られてくるボールに照準を合わせキャッチし、すぐに投げ返し、その直後に自分の投げ上げたボールに照準を切り替えて落ちてきたボールをキャッチします。動作を次々と切り替えなければなりません。

A は B が投げたボールをキャッチ後すぐに「投げる」に切り替え

A は B にボールを投げる

A は投げた後すぐに落ちてきたボールを「キャッチ」に切り替え

A は頭上のボールをキャッチする。
B も A から投げられたボールをキャッチする

忙しいパス交換 バリエーション①

ワンバウンドでパス交換

B がボールを投げ上げ、
A はワンバウンドでパスを出す

スタート！

B はボールを投げ上げたら、すぐに「キャッチ」に切り替え

B は A から投げられたボールをキャッチ

B はキャッチ後すぐに「投げる」に切り替え

B は A にボールを投げる

B は投げた後すぐに頭上のボールの
「キャッチ」に切り替え

B は落ちてきたボールをキャッチする。
A も B から投げられたボールをキャッチする

忙しいパス交換 バリエーション②
キックでパス交換

A がボールを投げ上げ、
B はキックでパスを出す

スタート！

A はボールを投げ上げたら、
すぐに「キック」に切り替え

A は B が蹴ったボールをキックして B に返す

A はキック後すぐに「キャッチ」に切り替え

A は自分で投げ上げたボールをキャッチする。
B は A が蹴ったボールを止める

忙しいパス交換 バリエーション③

2つのボールでパス交換

Aが2つのボールを投げ上げ、
Bはパスを出す

スタート！

Aはボールを投げ上げると同時に、
「キャッチ」に切り替え

AはBから投げられたボールをキャッチ

Aはキャッチ後すぐに
「投げる」に切り替え

AはBにボールを投げ返す

Aは投げると同時に、頭上のボールの
「キャッチ」に切り替え

Aは頭上から落ちてくる2つのボールの
キャッチに動く

Aは2つのボールを見ながら状況判断

落ちてくるタイミングや位置の違いの両方
に対応できるよう動く

Aは早く落ちてきたボールを、
まずキャッチ

Aはもう1つのボールもキャッチ。
BもAから投げられたボールをキャッチ

忙しいパス交換 バリエーション④

2つのボールでワンバウンドパス交換

1 Aが2つのボールを投げ上げ、Bはワンバウンドパスを出す

2 スタート！

3 Aはボールを投げ上げると同時に、「キャッチ」に切り替え

4 AはBから投げられたボールをキャッチ

5 Aはキャッチ後すぐに「投げる」に切り替え

6 AはBにボールを投げる

7 Aは投げると同時に、頭上のボールの「キャッチ」に切り替え

8 Aは頭上から落ちてくる2つのボールのキャッチに動く

9 Aは2つのボールを見ながら状況判断

10 タイミングや位置の違いの両方に対応できるよう動く

11 Aは早く落ちてきたボールを、まずキャッチ

12 遠くに落ちてきたボールにも対応

13 遠くに落ちてきたボールにも追いつく

14 Aは2つのボールをキャッチ。BもAから投げられたボールをキャッチ

第5章

「運ぶ・保持する」を確かにするコーディネーション

サッカーやバスケットの国際試合では、超人的なドリブルで相手ディフェンスを突破する選手を見かけます。「サッカーは足」「バスケットは手」という違いはあるものの、両者には共通している能力が3つあります。それは「ボールを正確に運ぶ能力」「ボールをキープする能力」「的確に素早く状況判断をする能力」です。当然ですが、これらの能力は、何度も何度もくり返すことによって積み重なったものです。ボールは丸いので、力を加えたら転がります。正確に運んだり、キープしたりするには、全身のバランスやリズム、ボールを操作する細かい動きなど、さまざまな能力を連結させなければなりません。そうしたコーディネーション能力が身に付く運動を紹介します。

41 ラケットでボール運び

ラケットにボールを載せて前後左右、円状に走る

人数 1人　　難易度 ★

主な能力 連結、変換、バランス、識別

動画でチェック!

ボールが
転がらないように
水平に

ラケットの上にボールを置く

ラケットを
コントロールして

前方に走りながらボールをキープ

ボールが前に
跳び出そうに
なるのをキープ

ストップ！　ボールはキープ

ラケットを
コントロールして

後ろに走りながらボールをキープ

バリエーション

A）スキップしながらキープする

B）ボールを2つ乗せる

ねらい

ボールをラケットに乗せてできる限り早く、コースを走ります。「走る」という動作の中で、ラケットに乗せているボールを安定させるには、ラケット上にあるボールの状態を、ラケットを通じて感じながらコントロールする必要があります。

今度は左に走りながらボールをキープ

方向を切り換えて次は円状に回る

今度は円状（右回り）に走りながらキープ

円状（左回り）に走りながらキープ

C）ボールの大きさや材質を変える

D）左右の手でラケットを持つ

42 転がりそうなボールをキープ

頭、腕、足首、ボールの上にボールを止めてバランスをとる

人数 1人　**難易度** ★★

主な能力 変換、識別、バランス

動画でチェック!

ボールが
転がらないように
1

ひたいの上でボールをキープ

手首近くの平らで
硬い部分で
2

腕の手首近くでキープ。
反対の腕でもやってみよう

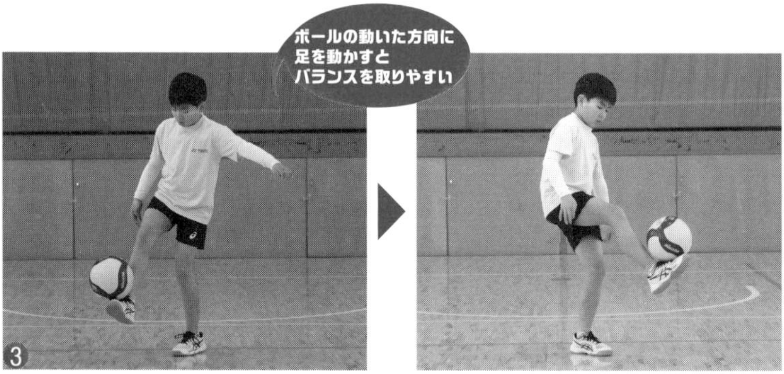
ボールの動いた方向に
足を動かすと
バランスを取りやすい
3

足の甲にのせてキープ

バリエーション

**A）上記のそれぞれで、
ワンバウンドさせた後にボールをのせてキープ**

ねらい

自身の身体やボールを使ってのせたボールを留めておくためには、ボールとの接点が認識でき、その接点内でのバランスがとれるように考慮する必要があります。手のひらとは異なり、ボールとの接点が非常に狭いため、その微細な面積の中でボールをコントロールする感覚を発動させなければなりません。

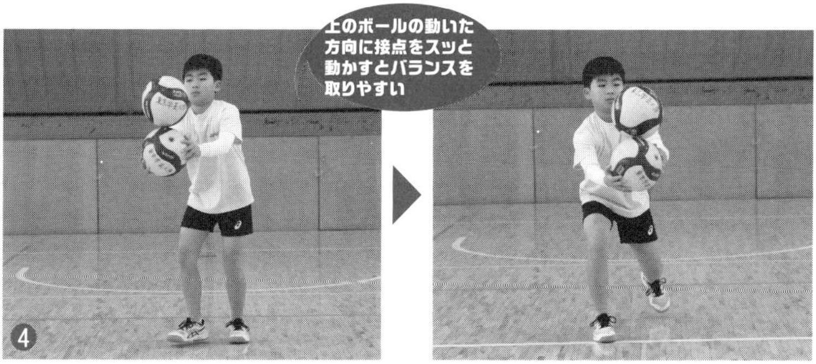
上のボールの動いた方向に接点をスッと動かすとバランスを取りやすい
4
ボールの上でボールをキープ

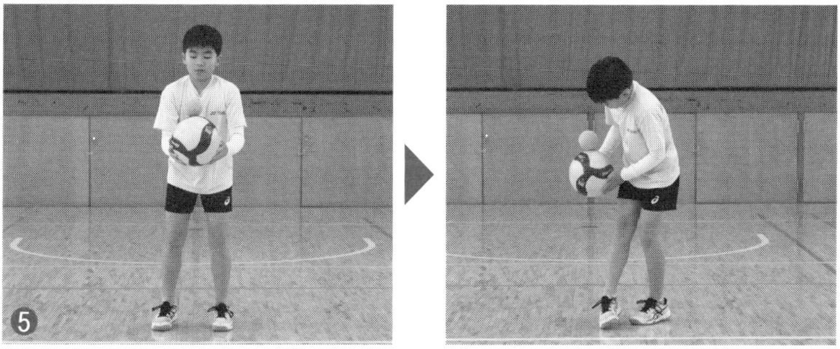
5
ボールの上で小さなボールをキープ

B）軽く投げ上げたボールを載せてキープ

43 複雑なドリブル

身体の前・後や座位、股の下を通してドリブル

人数 1人　　難易度 ★★

主な能力 変換、識別、リズム

動画でチェック!

反対の手でも
やってみよう

片手で連続ドリブル

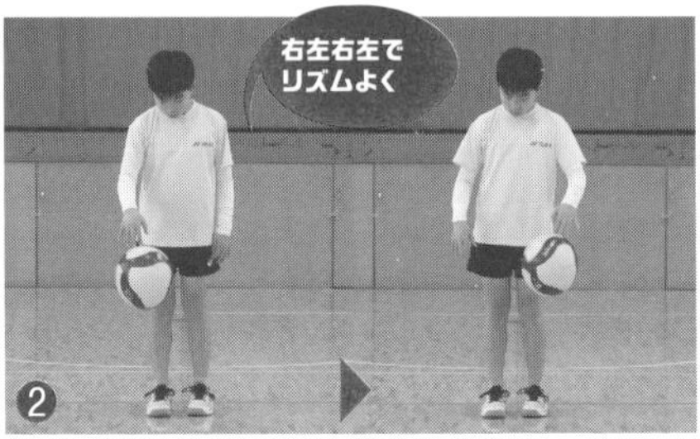

右左右左で
リズムよく
2

左右の手で交互にドリブル

大きく
バウンドさせたり
3

背面ドリブル。左右の手で交互に

小さく
バウンドさせたり
4

膝を曲げて小さいドリブルを背面で行う

ねらい

ドリブルする際に、床から跳ね返ってきたボールに対してタイミングを合わせ、押すように力を加える。この時「力を働かせる方向」や「加える力の加減」を調整しながら、動作を連続的に行う必要があります。さらに、ボールを移動させながらドリブルを行う時は「ボールを進めていく方向」を意識しながら、「力を加えていく方向をずらしていく」ことになります。

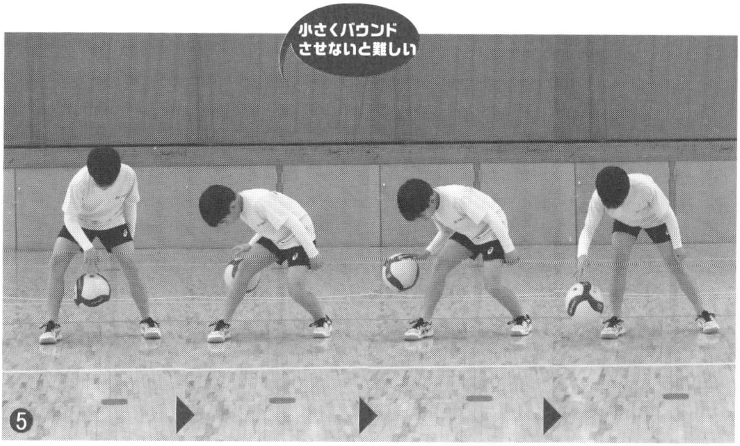
小さくバウンド
させないと難しい
5
片方の足の周りをドリブル

反対周りも
やってみよう
6
股下を８の字を描きながらドリブル

44 変形ドリブル (リフティング)

ドリブルしながら、反対の手では棒を立ててバランスを取る

人数 2人　**難易度** ★★★
主な能力 連結、識別、バランス、リズム

動画でチェック!

片方の手のひらに棒を立てて乗せ、
バランスを取る

棒が安定したら、もう一方の手で
ドリブル開始

棒は立てたまま、ドリブルを続ける

2つの異なる動きをバランスよく

バリエーション

A）長さや重さの違う棒を立てる

ねらい

左右の手で行う動作が異なり、まずは、棒を乗せる手のバランスを安定させる必要があります。そのうえで反対の手でリフティングをします。この時に「バランスを取る」という安定させる力の加減と、「リフティングをする」という動く力との、左右で異なる力の使い方のバランスをうまく調和させなければなりません。１つのやり方としては、止めていると動かしているそれぞれの手の感覚を交互に意識して確認しながら行います。

今度は、棒を立てながら、
もう一方の手でリフティング

棒が安定したらリフティング開始

棒は立てたままリフティングを続ける

２つの異なる動きをバランスよく

B）ボールの大きさや材質を変える

45 ジャグリング

3つのボールを使ってジャグリング

人数 2人　　難易度★★★

主な能力 連結、識別、バランス、リズム

動画でチェック!

A はボールを２個、B は１個持つ

A はボールを投げる

B もボールを投げる

A はボールを投げたら、
持っていたボールを投げる方の手に移動

バリエーション

A）ボールの大きさや材質を変える

ねらい

3つのボールを使ってジャグリングするように、2人でキャッチボールを行います。ボールが空中でぶつからないよう互いに投げる軌道をずらしたり、互いの投げるボールの速度を同じにしたりなど、動きのリズムを計りながらキャッチボールすることが必要になります。難しい場合は、2つのボールから始め、慣れてきたら3つのボールに移行すると、やりやすいでしょう。

Aは空いている手でキャッチする
5
AもBもキャッチの準備

6
Aはキャッチと同時に投げる準備

7
Aはボールを投げる

GOOD!
8
以上の動きをリズムよく、くり返す

B）4つのボールを使う

C）同様のことをキックで行う

46 線の上をドリブル

床に書いたさまざまな線をなぞるように ドリブルして進む

人数 1人　　難易度 ★

主な能力 変換、識別、リズム

動画でチェック!

直線をなぞるように、ドリブルしながら走る

同じ直線をドリブルしながら走って戻る

バリエーション

A） ボールの大きさや材質を変える

B） 線をなぞって走りながら2つのボールをドリブルする

ねらい

決められた線の上をなぞるようにドリブルしながら進んでいきますが、常に少し先を見て進行方向を把握しつつ、ドリブルするボールに視線を切り替えたりしながら進みます。

今度はドリブルしながら右に走る

同じ直線をドリブルしながら走って左に戻る

今度は曲線（円状）をなぞるように、ドリブルしながら走る

同じ曲線をドリブルしながら走って右に戻る

C）徐々に走る速度を上げてみる

D）前後、左右、曲線という動きの方向を組み合わせて行う

47 スキップ＆ドリブル

前後左右、直線的、曲線的にスキップしながらドリブル

人数 1人　難易度 ★★

主な能力 定位、連結、リズム

動画でチェック!

① 直線をなぞるように、ドリブルしながらスキップする

② 同じ直線をドリブルしながらスキップして戻る

バリエーション

A）ボールの大きさや材質を変える

B）線をなぞりながら2つのボールをドリブルする

ねらい

スキップのリズムとドリブルのリズムをうまく組み合わせることが必要となります。始めはゆっくりとした動きで行い、それぞれのリズムを独立して認識しやすくして慣らしていきます。徐々に動きのスピードを上げていくには、2つの動作の感覚への意識を切り替えながら行えるとスムーズに行えるようになります。

3

今度はドリブルしながら
左方向にスキップする

4

同じ直線をドリブルしながら
スキップして右方向に戻る

前方向から
後ろ方向への
切り替えが大事
5

今度は曲線（円状）をなぞるように、
ドリブルしながらスキップする。途中、正面
を向きながらバックをするときも出てくる

6

同じ曲線をドリブルしながら右に戻る

C）前後、左右、曲線という動きの方向を組み合わせて行う

48 足の入れ替え&ボールタッチ

片足ずつ入れ替えながら、その場でリズミカルにボールタッチ

人数 1人　**難易度** ★
主な能力 バランス、リズム、識別

動画でチェック!

片足を前にして
ドリブルする

リズムよく
入れ替える

ドリブルしながら軽くジャンプして足を入れ替える

これを続ける

バリエーション

A）頭上でボールをタップする
B）手を組み両手（バレーボールのレシーブのような形）でやってみる

ねらい

足を入れ替える動きをリズムよく行う中に、「その場でボールをリフティングする」という動きを足していくと、２つの動きを組み合わせやすくなります。始めは足を入れ替えるリズムを崩さないようにゆっくりとしたリズムで動作し、慣れてきたら徐々にリズムよく行います。

今度は片足を前に出して
リフティング

リフティングしながら足を入れ替える。これを続ける

今度は左右の手で交互にリフティングしながら足を入れ替える。これを続ける

C）ボールの大きさや材質を変える

49 ドリブルお尻相撲

※このメニューに関しては、QRコード掲載はございません。

ドリブルしながら、お尻、腰で押し合って相撲する

人数 2人　**難易度** ★★

主な能力 定位、連結、識別、バランス、リズム

お尻をくっつけてスタート

ドリブルしながら相手を押す

どんどん押す

バリエーション

A）片足でケンケンしながら行う

ねらい

押し合う際に、まずは両足で踏ん張りをきかせつつ、体幹で姿勢が乱れないようにします。その姿勢を安定させる力を働かせることでドリブルの動作が安定できるようにします。姿勢を安定させるという「動かされない力」の働かせ方と、ドリブルという「動く力」の働かせ方の「異なる力の使い方」をうまく組み合わせる必要があります。はじめは押し合う力が弱いところから行うと、感覚がつかみやすくなります。

どんどん押す

ボールをドリブルできなくなったら負け

あるいは、線や枠から出たら負け

B）2つのボールをドリブルしながら行う

50 ボール2個でドリブル

2個のボールを左右の手でドリブル。さらに2人でドリブルパス交換

人数 1人、2人　難易度 ★★

主な能力 定位、識別、リズム

動画でチェック!

力の入れ具合を同じに
1

2個のボールを同時にドリブル

タン(右)タン(左)
タン(右)タン(左)とリズムよく
2

2個のボールを交互にドリブル

バリエーション

A） 3人でローテーションしながら行う。

ドリブルしている自分のボールはその場に置いて、3人が同じタイミングでローテーションする。

ねらい

左右の手や腕で同調させてボールを扱うことが必要となります。人は利き手があるので特に利き手でない方の手を動かし方、力の入れ具合、その方向などを調節しつつ行うことが必要となります。最も大切なのは、左右同じリズムで動かすことと言えます。2人でドリブルするボールを交換する場合は、ドリブルのリズムを合わせることがポイントになります。

今度は２人でパス交換。まずはその場でドリブル

ボールはその場にバウンドさせておき相手の場所に移動

相手のボールを捕らえてそのままドリブルし、これを繰り返す

51 ドリブル・ドンじゃんけん

動画でチェック！

ドンじゃんけんをドリブルしながら行う

人数 2～4人　**難易度** ★★

主な能力 識別、リズム、定位、バランス

ライン上をドリブルしながら進む

ドリブルは
し続ける

相手と接近したら片手でタッチ

次の人は、
その場で
ドリブル

じゃんけんポン！

次の人は
前に進む

勝った人は進み、負けた人は
元の位置まで戻る

バリエーション

A）利き手と反対の手で行う

B）２つのボールでドリブルし、じゃんけんは足で行う

ねらい

できる限り速く進むことが必要となるため、「自身の走るスピード」と「ドリブルのボールをどの程度前方に突くか」を把握しながら行います。さらに、「相手がどのくらいの速さで進み」「どれくらいのタイミングでで自分の前に到達するか」というタイミングを計りなが走ることも必要となります。

じゃんけんポン！

勝った人は進み、負けた人は元に戻る

勝った人はどんどん進む

相手の陣地に入った方の勝ち！

C）曲線など動く方向も様々な形にする

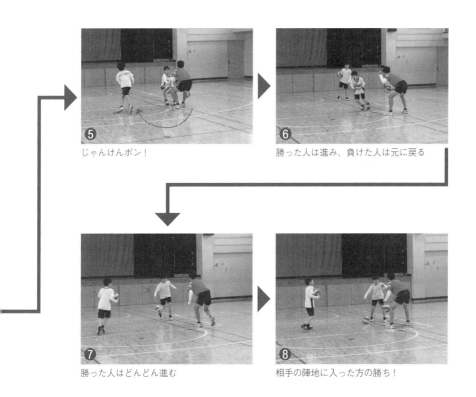

第6章

「複数の動き」が自然にできるコーディネーション

すべての運動は複数の動きから成り立っています。たとえば、バレーボールのスパイクは、トスを見る→助走する→ジャンプする→スイングする→ボールをヒットする→着地する、という一連の運動がすべてタイミングよくできて、初めてできるものです。この時、各運動が確実にできることも大切ですが、次の運動にスムーズに移れることが重要なのです。この「運動のつなぎ目」は様々な動きを組み合わせる運動をやるほどスムーズになります。そこには「次はどう動くか」という判断力だけでなく、複数のコーディネーション能力が詰まっているからです。複雑な動きが苦手な人もあせることはありません。やっているうちに必ずできるようなります。

52 足と手で一人キャッチボール

両足で挟んだボールをジャンプと同時に投げ上げてキャッチ

人数 1人　難易度 ★

主な能力 識別、バランス

動画でチェック!

①ボールを両足で挟み、ジャンプの準備

②ジャンプしながらボールを両足で投げ上げる

③自分の正面にボールが上がるよう方向を調節

④ボールをキャッチ

バリエーション

A）ボールの大きさや材質を変える

B）両足で投げて背面でキャッチ

ねらい

ジャンプしながらボールを挟んだ両足を振り上げ、ボールが正面に上がるように調整します。ジャンプと挟んだボールを投げ上げるという２つの動きをうまくミックスさせ、両足を同時に操作することが必要になります。さらに、ボールを投げ上げる位置をコントロールできるように、投げ上げる際の足の振り上げる動作の大きさやボールを投げ上げる方向を調節しながら行います。

⑤ 今度は背中側からボールを両足で投げる

⑥ ジャンプしながらボールを真上に投げる

⑦ 自分の頭上、あるいは
前方に上がるよう方向を調整

⑧ 肩越しからボールを見て

⑨ キャッチ

C）両足で投げて１回転してキャッチ

D）両足で投げてヘディングしてからキャッチ

53 壁当て回転キャッチ

壁にボールを当て、跳ね返ってくる前に1回転してキャッチ

人数 1人　**難易度** ★★

主な能力 反応、連結、変換、識別、リズム

動画でチェック!

① ボールを持ち、立位で壁に向かう

自分の元に
跳ね返ってくる程度の
強さで

② 壁にボールを投げる

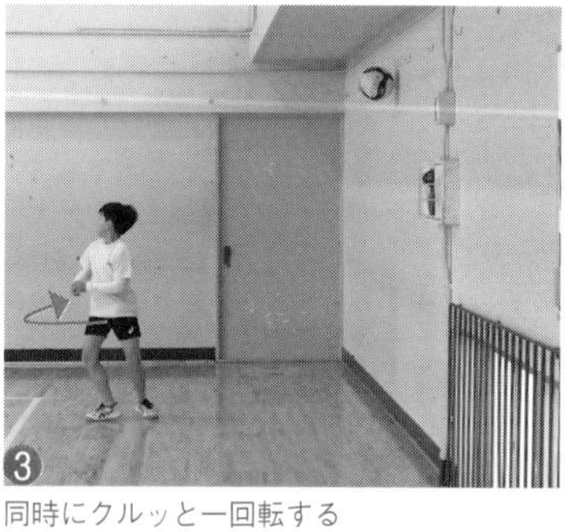

③ 同時にクルッと一回転する

逆方向の1回転も
やってみよう

④ 跳ね返ってきたボールをキャッチ

バリエーション

A）ボールの大きさや材質を変える

B）ボールを蹴って壁に当て、1回転してキャッチ

ねらい

壁に投げ当てたボールが、その時の力加減によって「どのタイミングで戻ってくるか」ということを計り、さらに跳ね返ってくるまでの時間内に「1回転する運動を自分がどの程度のスピードで行ったら間に合うか」という、２つの事象を予測して行うことが必要になります。

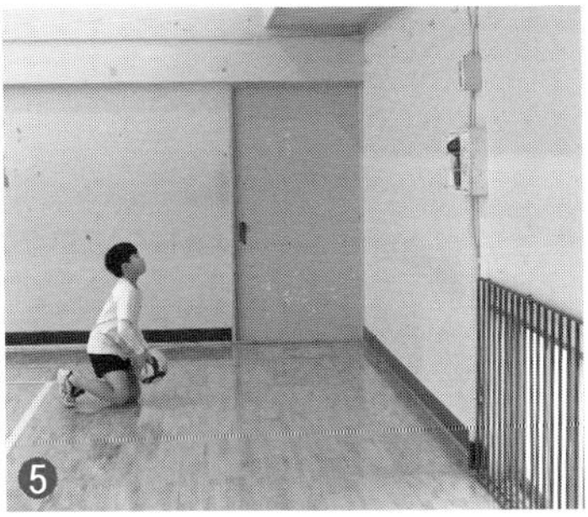

❺ 今度はひざ立ちして壁に向かう

❻ 壁にボールを投げると同時に立ち上がる

❼ クルッと１回転する

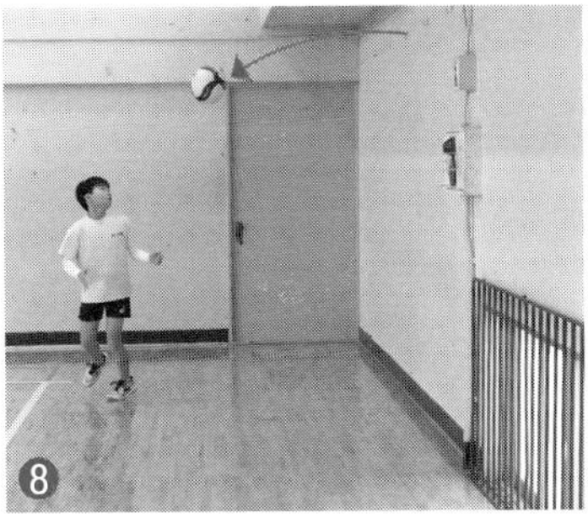

❽ 跳ね返ってきたボールをキャッチ

54 ケンケンでキャッチボール

2人組で片足立ちで
キャッチボールやテニスをする

人数 2人　**難易度** ★★
主な能力 反応、識別、バランス、連結

動画でチェック!

1 2人で向き合い、片足で立つ

2 この状態で、1人がボールを投げる

3 もう1人は、キャッチする

4 キャッチした人が投げる。
これをくり返す

バリエーション

A）反対の手や反対の足でもやってみる
B）長い距離、速度を上げてやってみる

ねらい

まずは片足立ちの姿勢を安定させる必要がありますが、「投げる」「捕る」という動作があるため、バランスがとりづらくなります。このため、片方の足裏だけで重心位置が動くのをコントロールしながらキャッチボールをする必要があります。また、片足立ちの状態で、ボールを狙った位置にコントロールして投げるには、上半身全体で「腕の振り」や「ボールを離す方向」を調整する必要があります。

5 今度は片足立ちでテニスをしてみよう

6 ワンバウンドさせて打つ

7 相手が打ちやすい軌道を考えて打つ

8 これをくり返す

C）ボールの大きさや材質を変えてやってみる

D）1 人が投げ、1人がバットで相手に打ち返す

55 投げ上げ回転キャッチ

ボールを投げ上げ、
1回転以上回転してキャッチ

人数 1人　難易度 ★★

主な能力 反応、識別、バランス、定位

動画でチェック!

1 ボールを投げ上げる

2 クルッと1回転する

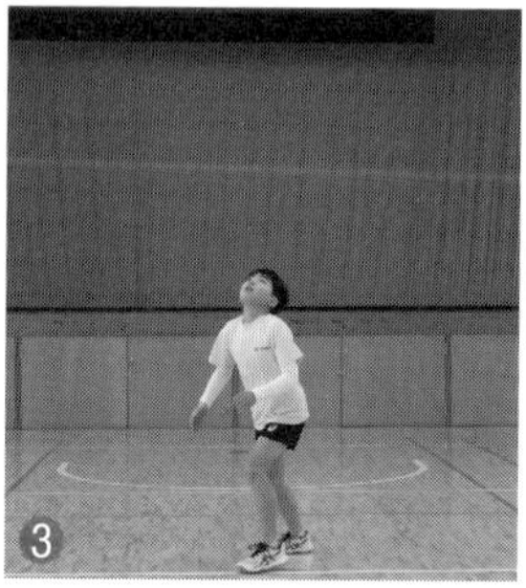

3 回りながらキャッチの準備

4 両手で捕る

バリエーション

A） 1周以上回ってみる（1周半、2周、3周）

B） 反対周りも行う

ねらい

投げ上げたボールが落下するまでの時間を意識しながら、その場で素早く回転し、落下してくるボールをキャッチします。ボールが落下してくるまでの時間と自身が回転する時間をすり合わせてタイミングを計ることが必要になります。より多くの回転するには、素早い動きが必要となり、その動作に要する時間の把握がポイントとなります。

今度は反対回りで、片手で捕る

今度はジャンプで１回転し、着地後に捕る

C）ボールの大きさや材質を変えてやってみる

56 入れ替わりキャッチ

2人で同時にボールを叩きつけ、素早く場所を入れ替わってキャッチ

人数 2人　**難易度** ★★
主な能力 反応、識別、バランス

動画でチェック!

1
2人で同時にボールを床に叩きつける

落下位置や落ちるタイミングを瞬時に把握
2
相手のいた場所に向かって走る

3
落ちる前に素早く移動

4
相手のボールをキャッチ

バリエーション

A） ひざ立ての状態からやってみる
B） それぞれ後ろを向いた状態からやってみる

ねらい

２人でタイミングを合わせて、ボールを床に叩きつけ、お互いの位置を素早く入れ替えて落下してくるボールをキャッチします。この時、入れ替わった相手がキャッチしやすいようにボールが自分の真上に上がるよう叩きつけてから素早く動くこと。投げたと同時に、相手が投げたボールに視線を移し、落下する位置とそのタイミングを瞬時に把握しながら素早く移動することが必要となります。

今度はボールを叩きつけ、移動時にタッチしてから相手のボールをキャッチしてみよう

今度はジャンプしながら真上にボールを投げ、移動して相手のボールをキャッチ

C）ボールの大きさや材質を変えてやってみる

D）徐々に距離を離して行ってみる

57 ボール跳び越え

相手が投げ上げたボールが バウンドした瞬間に跳んで股下を通す

人数 2人　**難易度** ★★
主な能力 定位、連結、リズム

動画でチェック!

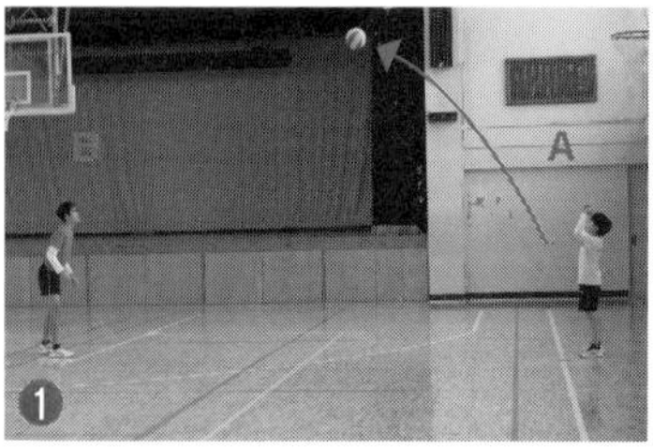

AはBに向かい
ボールを高く投げ上げる

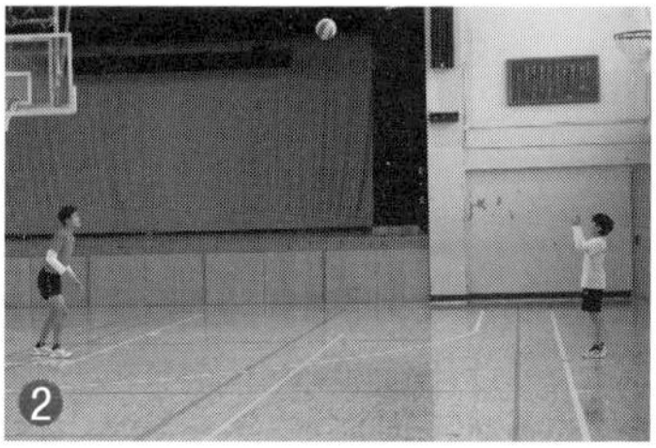

Bはボールの着地点を予測し移動する

Bはボールが床に着くタイミングを
見計らう

ジャンプ

バリエーション

A) AとBの距離を変えて行ってみる
B) Bは座った姿勢から始める

ねらい

投げ上げられたボールが床に落ちて跳ね返るタイミングに合わせてジャンプして跳び越えます。タイミングよく跳び越えるには、落下してきたボールが床につく直前、着いた瞬間などタイミングの計り方を探り、素早く動作することが必要となります。

ボールがバウンドしている間に空中でボールを飛び越す

股下通過

着地

C）B は目を閉じ、A はボールが落下し始めたら声をかけ、B は目を開ける

D）ボールの大きさや材質を変えてみる

58 ヘディング&背面キャッチ

頭上に投げ上げたボールを ヘディングしてから背面でキャッチ

人数 1人　難易度 ★★★
主な能力 定位、連結、変換、識別、バランス

動画でチェック!

ボールを頭上に上げる

ヘディングする

ヘディングしたボールを肩越しに見て、背面キャッチ

バリエーション

A） ボールを頭上に上げ、足で真上に蹴り上げてから背面キャッチ

B） 背面から頭上に上げ、足で真上に蹴り上げてからキャッチ

ねらい

落下してきたボールをヘディングして、一瞬空中に浮いた後落ちてくるボールを肩越しに見ながら背中側で両手でキャッチできるようにします。ヘディングの際にコントロールするため「どの方向に」「どのくらいの力を加えるか」ということがポイントとなります。

④ 今度は逆ルートで。
背面キャッチしたボールを頭上に上げる

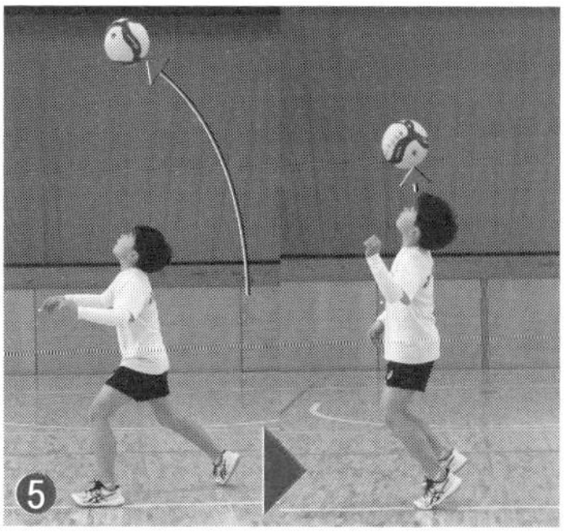

⑤ ボールを肩越しに見て移動し、
ヘディングをする

⑥ ヘディングしたボールを移動して追い

⑦ キャッチ

C）AとBの蹴り上げを反対の足でやってみる

D）ボールの大きさや材質を変えてみる

59 腿上げ背面キャッチ

動画でチェック!

腿上げしながら投げ上げたボールを
背面キャッチ

人数 1人　難易度 ★★★
主な能力 定位、連結、変換、識別、バランス

腿上げしながらボールを頭上に上げる

できるだけ
高く腿を上げる
腿上げしながら落下位置を合わせる

身体が
上下するので
難しい
肩越しにボールを見る感じで「捕る位置」を合わせる

腿上げは続けたままキャッチ

バリエーション

A）ボールを腿で真上に蹴り上げてから背面キャッチ

B）背面から頭上に上げ、
腿で真上に蹴り上げてからキャッチ

ねらい

腿上げしながら上下に身体が動いた状態で、ほぼ直上にコントロールしてボールを投げ上げるため、イメージした軌跡の方向にボールが放たれるように、高い調整力が必要になります。そして、落下してくるボールを肩越しに見ながら、「落下位置」と「背中のキャッチできる部分」とを合わせ、両手でキャッチします。これも上下に身体が動き、目線が不安定なため、高い調整力が必要です。

5
今度は逆ルートで背面から前へ

上下する身体と
リズムを合わせて
投げる
6
腿上げしたまま
背面のボールを前方に投げ上げる

7
腿上げしながら移動

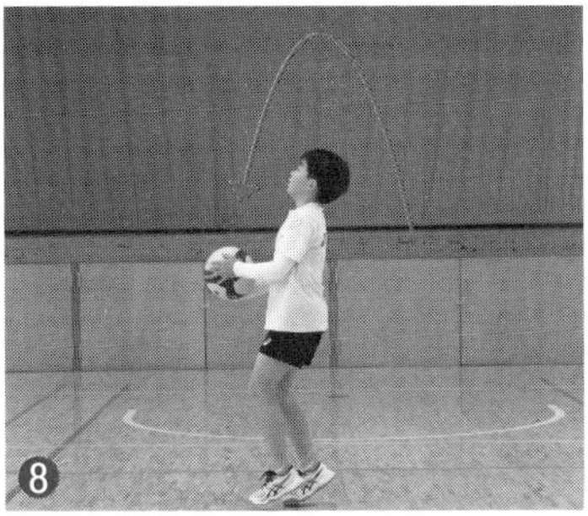
8
キャッチ

C）AとBの蹴り上げを反対の足でやってみる

D）ボールの大きさや材質を変えてみる

60 股下から投げてキャッチ

股下から後方へボールを投げ、すぐに振り向いて追いかけてキャッチ（できるだけ遠くにチャレンジ）

人数 1人

難易度 ★★★

主な能力 反応、連結、識別

動画でチェック!

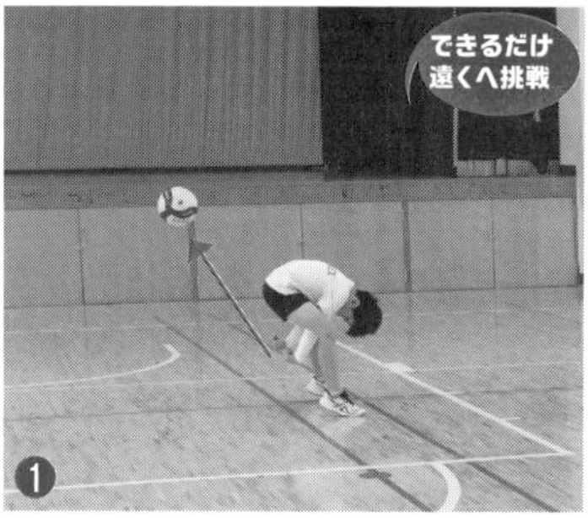
できるだけ
遠くへ挑戦
1

股下から後方へボールを投げる

できるだけ高く
腿を上げる
2

瞬時に体勢を立て直す

自分の力加減や
方向も
加味して判断
3

ボールの位置を確認しながら、
瞬時に動き出す

バリエーション

A）ジャンプして股下からワンバウンドさせ、それを追いかけてキャッチ

ねらい

股下から後方へボールを投げるため、姿勢や目線が逆さになり、状況を把握しづらくなります。その状態で、ボールに加えた力の方向や加減から、落下位置までの距離や時間を瞬時に予測することが必要です。また、崩れた姿勢を瞬時に立て直し、振り向いてボールを追いかけるには、自分の身体をコントロールできなければなりません。

❹

ボールを追いかけて

❺

キャッチ

B）座った姿勢で後ろにボールを投げ、立ち上がって追いかけてキャッチ

C）徐々に遠くへ投げてみる

61 背中でバウンドしてキャッチ

蹴り上げたボールを背中で
ワンバウンドさせてキャッチ

人数 1人　難易度 ★★★
主な能力 定位、識別、リズム、連結

動画でチェック!

高さは
それほど
必要ない
1

ボールを蹴る

できるだけ
高く腿を
上げる
2

ボールの落下位置を予測

平らな
部分に
当てる
3

ボールを背中にワンバウンドさせる

4

背中でボールが弾んだのを確認したら体勢を立て直す

バリエーション

**A）逆ルートでやってみる。
背面投げ上げ→キック→キャッチ**

ねらい

蹴ったボールが背後に来るように、蹴る際に力を加える方向や加減を調整します。さらには、その蹴り上げたボールの軌跡から落下位置を予測し、ボールを肩越しに見ながら背中の平らな部分に当てます。その当たり方からボールが弾む方向や高さなどを予測して、瞬時にボールをとらえ、両手でキャッチできるようにします。

ボールを探す

ボールを見る

ボールを追う

キャッチ

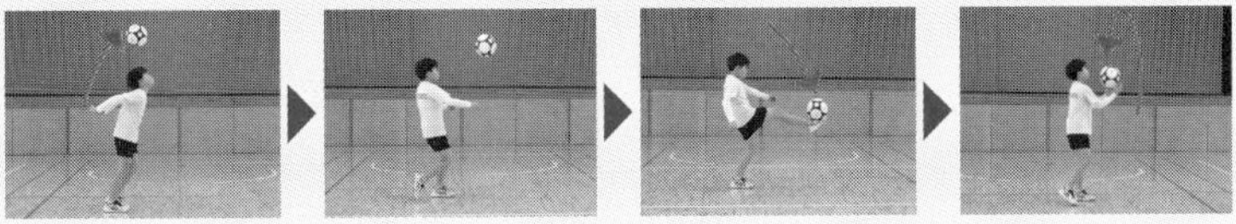

62 跳び越えてキャッチ

バウンドするボールを飛び越し、
振り向いてキャッチ

人数 1人　難易度 ★★★
主な能力 連結、バランス、リズム

動画でチェック!

1
ボールを投げ上げる

できるだけ
高く腿を
上げる
2
落下位置を探りながら移動

3
落下位置を確定しながら
ジャンプのタイミングを計る

場所は
ここでOK！
4
ジャンプの準備

バリエーション

**A）難しい人は、投げ上げてツーバウンド目に合わせて
跳び越え、振り向いてキャッチ**

ねらい

投げ上げたボールが床に落ちて跳ね返る瞬間にタイミングに合わせてジャンプして跳び越え、跳び越えた直後に振り向き、ボールが次のバウンドをする前にキャッチするという反応スピードが必要になります。

ジャンプ
背中でボールが弾んだのを確認したら
体勢を立て直す

振り向きながら

ボールを確認

キャッチ

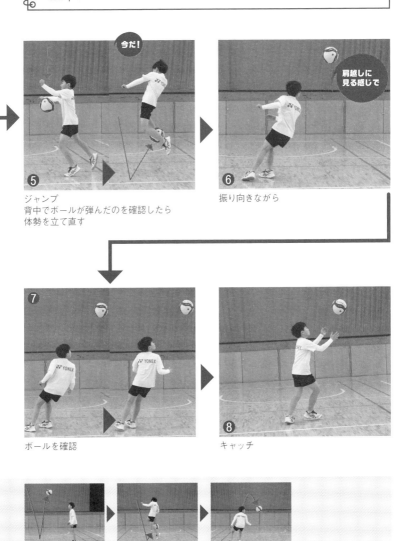

63 ドリブル＆パス

互いにドリブルしながら、もう片方の手でパス交換

人数 2人　**難易度** ★★★

主な能力 定位、連結、識別、バランス、リズム

動画でチェック!

リズムを
合わせて
A
B
1

AとBの2人で向き合ってドリブル

かけ声などを
用いるとよい
2

タイミングを合わせて

ドリブルを
合わせると
よい
3

ドリブルしながらAがボールを投げる

視線は
投げられた
ボールを
とらえる
4

ドリブルを続けながらBは受ける準備

バリエーション

A）投げる人はワンバウンドさせる

B）声をかけずに、目視だけでやってみる

ねらい

お互いにリズムを合わせてドリブルし、声をかけるなどの方法でタイミングを合わせて、１人はボールを投げ、もう1人はそのボールを捕ります。「ドリブルのリズム」と「パス（ボールを投げ・捕る）」を２人で合わせることがポイントになります。

落とさないように
身体をうまく使う
5

Ｂは片手でキャッチ

場所は
ここでOK！
6

ドリブルを合わせながらＢは投げる準備

7

ドリブルしながらＢはボールを投げ、
Ａは受ける準備

8

Ａはキャッチ。これをくり返す

C）ドリブルのリズムを合わせないで行ってみる

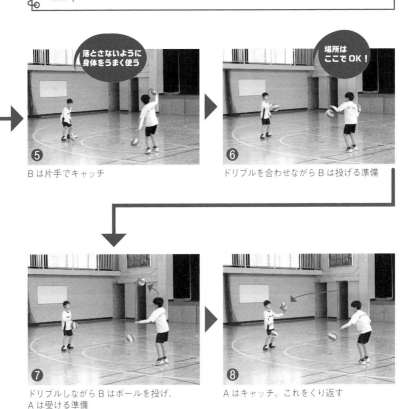

おわりに

現代社会を生きる子ども達を取り巻く環境は必ずしも恵まれているとは言えません。様々なものが便利になる反面、あまり身体を動かさないでも済むようになっていたり、遊びもゲーム機を中心としたもので身体を動かす機会が減少してきているからです。そのような中で、運動する能力が未発達で、運動に必要な能力を獲得できていない子どもが多く存在すると考えられています。

そのため、様々なところで子ども達の運動する力を向上させる必要性が謳われています。子どもを中心としたスポーツや運動指導の場面では、身体を操作するための力を養うトレーニングとしてコーディネーショントレーニングが取り上げられることも多く見られます。しかし、身体を自在に操ることができるだけではボールゲームなどの用具を利用したスポーツや運動を実施する力は向上しません。これは用具を利用する、特にボールを利用する運動には様々な要因が関係しているためです。そのため、本書ではコーディネーション能力とボール運動に必要とされる運動の感覚能力を関連させ、ボールを扱った運動を行う際に必要となる力の獲得や向上を考えます。

著者 高橋宏文［東京学芸大学教授］

たかはし・ひろぶみ● 1970 年生まれ。神奈川県出身。順天堂大学大学院修士課程を 1994 年に終了。大学院時代は同大学女子バレーボール部のコーチを務め、修了後、同大学助手として勤務。男子バレーボール部のコーチにも就任。1998 年より東京学芸大学に勤務。同大学では男子バレーボール部の監督を務めている。著書には『マルチアングル戦術図解 バレーボールの戦い方』『ライバルに差をつけろ! 自主練習シリーズ バレーボール』（ともにベースボール・マガジン社刊）などがある。

モデル協力

左から**前田和倫**さん、**池田瞬**さん、**鎌田伊央里**さん

ボールを使《つか》った
コーディネーショントレーニング

2024年4月30日　第1版第1刷発行

著　　　者／髙橋宏文《たかはしひろふみ》
発　行　人／池田哲雄
発　行　所／株式会社ベースボール・マガジン社
〒103-8482　東京都中央区日本橋浜町2-61-9 TIE 浜町ビル
電話　03-5643-3930（販売部）
03-5643-3885（出版部）
振替口座　00180-6-46620
https://www.bbm-japan.com/

印刷・製本／共同印刷株式会社

Printed in Japan
ISBN 978-4-583-11654-9 C2075